KB108010

순식간에 한 달이 사라지는 당신을 위한

스마트폰 시간 활용 백서

이동현 지음

■ 정보문화사
Information Publishing Group

순식간에 한 달이 사라지는 당신을 위한
스마트폰 시간 활용 백서

초판 1쇄 인쇄 | 2019년 3월 15일
초판 1쇄 발행 | 2019년 3월 20일

지 은 이 | 이동현
발 행 인 | 이상만
발 행 처 | 정보문화사

책 임 편 집 | 최동진
편 집 진 행 | 김지은

주   소 | 서울시 종로구 대학로 12길 38 (정보빌딩)
전   화 | (02)3673-0037(편집부) / (02)3673-0114(代)
팩   스 | (02)3673-0260
등   록 | 1990년 2월 14일 제1-1013호
홈 페 이 지 | www.infopub.co.kr

I S B N | 978-89-5674-826-9

이 책은 저작권법에 따라 보호받는 저작물이므로 무단 전재와
무단 복제를 금하며, 이 책 내용의 전부 또는 일부를 사용하려면 반드시
저작권자와 정보문화사 발행인의 서면동의를 받아야 합니다.

※ 책값은 뒤표지에 있습니다.
※ 잘못된 책은 구입한 서점에서 바꿔 드립니다.

머리말

1분이 얼마나 소중한지 알고 싶으면 비행기를 놓친 사람에게 물어 보세요.

1초가 얼마나 소중한지 알고 싶으면 간발의 차이로 살아난 생존자에게 물어 보세요.

100분의 1초의 소중함을 알고 싶으면 올림픽에서 은메달을 딴 선수에게 물어 보세요.

시간은 기다려 주지 않습니다. 당신이 가진 매 순간이 바로 당신의 보화입니다.

누구나 하루 24시간을 가지고 살아가지만 어느 누구도 시간을 모아 놓을 수 있는 사람은 없습니다. 돈은 저축할 수 있고 금은보석은 모아 둘 수 있을 것입니다. 하지만 시간은 아무리 모으고 싶어도 모을 수 없습니다. 시간은 신이 인간에게 허락한 가장 귀한 선물이기 때문입니다.

사람들은 성공하기 위해 시간 관리 책을 읽고 실천합니다. 시간을 너무 잘 관리하려다 보니 시간의 노예가 된 사람도 있고, 시간을 너무 방만하게 사용하는 사람들도 있습니다.

그렇다면 시간을 어떻게 하면 잘 관리할 수 있을까요? 먼저 자신의 삶에서 가장 가치 있는 일을 찾고 그 꿈이 반드시 이루어지도록 가치를 부여하면서 나아가야 합니다. 이런 관점에서 이 책은 시간을 관리하기 위한 시간의 교과서가 될 것입니다.

단순히 이론 중심의 시간 관리 도서를 뛰어 넘어 스마트하게 가정과 직장에서 바로 적용할 수 있도록 스마트폰과 구글 서비스, 다양한 애플리케이션을 활용하여 실생활에서 적용할 수 있도록 했습니다.

사람은 누구나 골든 타임이 존재합니다. 놓치면 평생 후회하는 순간이 바로 골든 타임입니다. 과거에 어떻게 시간을 관리하며 살았는지가 중요하지 않습니다. 바로 지금 이 순간이 중요합니다. 이 시간이 바로 당신의 골든 타임입니다.

저자 이동현

추천사

기존의 이론 중심 시간 관리 책과 달리 스마트폰에서 제공하는 캘린더, 태스크, 구글 킵, 주소록 등을 활용하여 실질적인 시간 관리 모델을 제공하고 있는 책입니다. 학생, 직장인, 군인, 주부 등 다양한 사람들이 자신의 목표와 꿈을 설정하고 시간과 인맥 등을 관리하며 삶의 질을 높이고 성공하는 삶을 살아가는 기회가 될 것으로 봅니다.

한국교회연합 증경 대표 회장 양병희

동일한 24시간을 살아가는데 삶의 결과가 다른 이유는 무엇일까요? 어떤 사람은 항상 시간이 부족하게 살아가는 반면, 왜 어떤 사람은 늘 여유롭게 살아가는 것일까요? 이 책은 이러한 문제에 대해 스마트한 해결책을 제시하며 다각적인 측면에서 시간을 관리할 수 있는 방법을 다루고 있습니다. 아울러, 시간을 관리하는 데 있어서 일상을 방해하는 요소들까지 조명하고 있습니다. 우리는 정보 통신의 발달로 인해 스마트한 시대를 살아가고 있습니다. 하지만 우리의 시간 관리법은 여전히 스마트하지 않은 경우가 많습니다. 이 책을 통해 우리 모두가 스마트한 시간 관리자들이 되기를 바라면서 이 책을 추천합니다.

한국인재협회 회장 백미란

시간 관리 마인드맵 & 핵심 키워드

이 책에서 다루는 핵심 키워드를 마인드 맵으로 한눈에 살펴보세요.

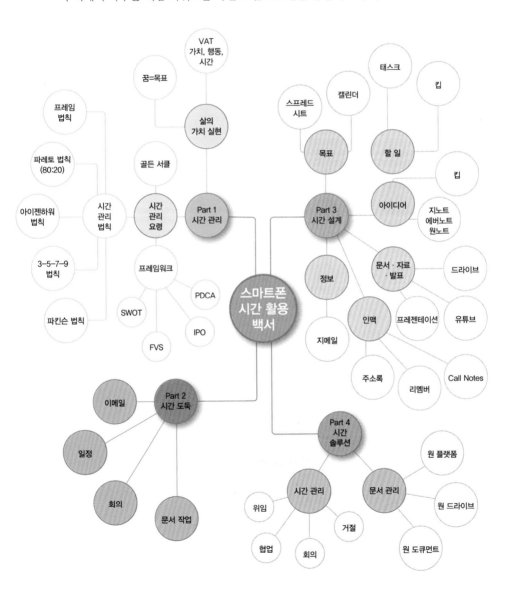

이 책의 구성

시간 관리 명언

파트 시작 부분에는 시간 관리 명언을 실었습니다. 이를 통해 시간 관리에 힘을 얻고 문제에 대한 해답을 얻을 수 있을 것입니다.

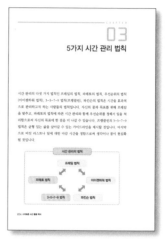

본문

꼭 알아야 할 이론적인 개념을 이미지와 함께 설명해 놓았습니다.

실습

스마트폰 및 웹을 이용해 시간 관리 및 자기 관리를 할 수 있는 예제를 구성하였습니다. 효율적인 관리를 위해 꼭 실습을 진행해 보세요.

생각하기

읽은 내용을 다시금 되새기며 스스로 적용할 수 있는 코너입니다.

[부록 1] 자기 관리 앱
자기 관리를 위한 유용한 앱을 소개합니다. 부록은 책 뒤에 구성되어 있습니다.

[부록 2] 체크 리스트
시간, 목표, 일정, 할 일, 회의, 전화, 메일, 문서, 인맥, 출장, 위임 등을 스스로 체크해 보고 평가할 수 있습니다.

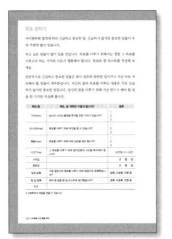

[부록 3] 필수 양식 10가지
시간 관리 습관을 만드는 필수 양식 10가지를 제공하며, 해당 서식은 QR 코드를 이용해 파일로 얻을 수 있습니다.

알고 갑시다
학생, 대학생, 군인, 직장인, 주부에게 맞춘 시간 관리 스킬을 소개합니다. '알고 갑시다'는 각 파트 마지막에 제공됩니다.

목차

머리말   003

추천사   004

시간 관리 마인드맵 & 핵심 키워드   005

이 책의 구성   006

PART

1

시간 관리

CHAPTER 01 왜 시간 관리를 하는가

꿈을 목표로 삼을 때, 꿈은 실현된다   017

꿈을 이루기 위해 VAT 설정하기   018

삶의 가치를 위해 투자하기   019

CHAPTER 02 시간 관리 전에 할 일

동기 부여를 하고 목표 세우기   021

골든 서클을 통해 본 시간 관리   022

CHAPTER 03 시간 관리의 5가지 법칙

프레임 법칙 – 단순성, 빼기 법칙   025

파레토 법칙 – 80/20 법칙   026

아이젠하워 법칙 – 우선순위 법칙   026

3–5–7–9 법칙 – 프랭클린의 24시간 법칙   029

파킨슨 법칙 – 마감 시간과 추진력, 집중력의 법칙   030

CHAPTER 04 자신만의 시간 프레임워크

스왓 분석으로 목표 분석하기   033

FVS 관점으로 인맥 관리하기   034

IPO 사고방식으로 일 처리하기   035

문제 해결을 위해 로직 트리 활용하기   035

PDCA로 일정과 할 일 관리하기 – 계획, 실행, 평가, 개선   036

실습 스프레드시트로 시간 관리하기   039

실습 실습 전 앱 설치하기   040

생각하기   045

알고갑시다 학생들의 시간 관리   046

P A R T

2

시간 도둑

CHAPTER 01 이메일

제목에 핵심 키워드 넣기 · · · · · · · · · · · · · · · · · · · 052

육하원칙에 따라 작성하기 · · · · · · · · · · · · · · · · · 052

주요 내용은 본문에, 필요할 때 파일 첨부하기 · · 054

받는 사람과 참조 이해하기 · · · · · · · · · · · · · · · · · 055

서명 넣기 · 056

실습 불필요한 메일을 스팸 등록하기 · · · · · · · · · · 057

실습 자신만의 이메일 편지함 만들기 · · · · · · · · · · 062

실습 메일에 서명 넣기 · 065

CHAPTER 02 일정

일정과 할 일 작성에 대한 경험 · · · · · · · · · · · · · · 068

일정과 할 일에 대한 개념 · · · · · · · · · · · · · · · · · · · 068

작업 시간 예상 · 068

해야 할 일 목록 · 069

일정 우선순위 · 069

실습 메일 예약 발송하기 · · · · · · · · · · · · · · · · · · · 070

CHAPTER 03 회의

시간이 아깝지 않은 회의를 하려면 · · · · · · · · · · · 073

회의 자료 준비로 회의 시간 줄이기 · · · · · · · · · · 074

CHAPTER 04 문서 작업

목적이 분명한 문서 만들기 · · · · · · · · · · · · · · · · · 079

육하원칙에 따라 재점검하기 · · · · · · · · · · · · · · · · 079

문서 작성 도구와 공간을 클라우드로 전환하기 · · 080

공유와 협업으로 생산성 높이기 · · · · · · · · · · · · · · 086

생각하기 · 087

알고갑시다 대학생들의 시간 관리 · · · · · · · · · · · · 088

PART

3

시간 설계

CHAPTER 01 목표 계획과 관리 – 구글 문서/스프레드시트

파레토식 기술로 스케줄 관리하기	094
중간 목표를 세우고 점검하기	094
일일 단위로 작업 관리하기	095
여유 시간을 설정하여 리스트 해결하기	095
관계자와 스케줄 공유하기	095
소요 시간 계산하기	096
할 일 리스트 구체화하기	096
체크 리스트로 실수 방지하기	096
실습 스프레드시트로 시간 설계하기	097

CHAPTER 02 일정 관리 – 캘린더

일정은 구글 캘린더, 할 일은 태스크	099
스마트 워커의 필수 도구	099
메일로 관리하기	100
일정과 할 일 우선순위	102
연간 일정과 일일 일정 관리하기	102
실습 구글 캘린더 시작하기	104
실습 캘린더 만들기	107
실습 공유 캘린더 만들기	110
실습 업무 일정 관리하기	113
실습 목표 일정 캘린더 만들고 등록하기	116

CHAPTER 03 할 일 관리 – 태스크/킵

할 일 목록화하기	117
스마트폰으로 할 일 관리하기	117
실습 태스크로 할 일 관리하기	119
실습 킵으로 할 일 관리하기	122
실습 메일 일정을 캘린더에 추가하기	124
실습 트렐로로 공유 및 협업하기	126

CHAPTER 04 아이디어 관리 – 구글 킵, 에버노트, 원노트

꼼꼼히 메모하기	132
시간 절감하고 업무 노하우 축적하기	132

메모 작성법 익히기　　　　　　　　　　　132

메모 앱으로 스크랩하기　　　　　　　　　133

회의 메모 및 의사록 작성하기　　　　　　134

실습 킵으로 메모 관리하기　　　　　　　　135

실습 지노트로 메모 관리하기　　　　　　　137

실습 에버노트로 메모 관리하기　　　　　　140

실습 원노트로 메모 관리하기　　　　　　　143

CHAPTER 05 문서 관리 – 드라이브

목적에 맞게 사용하기　　　　　　　　　　146

모든 문서 저장하기　　　　　　　　　　　146

다양한 스마트 기기와 연결하기　　　　　　146

내 컴퓨터 드라이브처럼 사용하기　　　　　146

실습 구글 문서로 워드 문서 만들기　　　　147

실습 메모 및 댓글 달기를 통한 협업하기　 149

실습 구글 드라이브로 문서 확인하기　　　151

실습 구글 스프레드시트로 문서 만들기　　152

CHAPTER 06 인맥 관리 – 주소록

인맥 관리가 필요한 사람들　　　　　　　　156

인맥 관리 원칙과 노하우　　　　　　　　　156

진짜 인맥 찾기　　　　　　　　　　　　　157

약속 관리　　　　　　　　　　　　　　　158

명함 관리　　　　　　　　　　　　　　　158

스마트폰으로 관리하기　　　　　　　　　　159

인맥 관리의 기본인 전화 업무하기　　　　　159

결정권이 있는 사람 만나기　　　　　　　　160

실습 주소록 사용자 등록하기　　　　　　　161

실습 주소록과 구글 맵 연동하기　　　　　　163

실습 주소록에 세부 정보 입력하기　　　　　164

실습 미팅 일정 및 장소 파악하기　　　　　165

실습 구글 어시스턴트를 이용해 음성으로 원하는 정보 찾기 167

실습 리멤버로 명함 관리하기　　　　　　　168

실습 Call Notes로 상대방 정보 팝업으로 보기　　169

CHAPTER 07 정보 관리 – 지메일

언제 어디서나 사용 가능   172
바이러스 필터와 스팸 필터   173
중요 메일 별도 관리   173
검색 기능   173
디바이스 연동   173
효율적인 업무 진행   173
일정에 자료 첨부   174
일정과 할 일 목록으로 스케줄 관리 운영   174
문서 작업 협업 처리   174
행아웃을 이용한 화상 회의와 화상 통화   174
실습 긴급 메일과 중요 메일 관리하기   175
실습 구글 드라이브로 고용량 메일 보내기   177

CHAPTER 08 발표 준비 – 구글 프레젠테이션

프레젠테이션을 하는 이유   178
3P에 맞게 만들기   178
성공하는 프레젠테이션   179
3-3-3 트리 구조 구성하기   181
프레젠테이션 자료 만들기   181
파워포인트 문제점   182
구글 프레젠테이션   182
실습 스마트폰으로 프레젠테이션 실행하기   184
실습 구글 드라이브에서 프레젠테이션 파일 만들기   185
생각하기   189
알고갑시다 군인들의 시간 관리   190

PART

4

시간 솔루션

CHAPTER 01 시간 관리 – 위임, 협업, 회의, 거절

목적, 내용, 순서 생각하기	195
중요성과 긴급성에 따라 처리하기	196
담당 한계 정하고 나누기	197
거절하기	198
문서와 일정은 반드시 공유하기	198
협업으로 문서 작성하기	200
재점검하기	200
업무량 편차 줄이기	201
회의는 원 페이지 서류로 진행하기	201

CHAPTER 02 문서 관리 – 원 플랫폼, 원 드라이브, 원 도큐먼트

원 플랫폼으로 스마트 기기 관리하기	204
원 드라이브로 원 스톱으로 관리하기	205
원 도큐먼트 사용하기	206
규칙에 따라 파일 만들기	207
모든 자료는 이메일로 받고 폐기 원칙 지키기	208
목적을 가지고 자료 수집하기	209
혼자 회의로 회의나 업무 사전 준비하기	210
생각하기	212
알고갑시다 직장인들의 시간 관리	213

[부록 1] 자기 관리를 위한 유용한 앱	215
[부록 2] 당신의 골든 타임을 점검하라! 체크 리스트	221
[부록 3] 시간 관리 습관을 만드는 필수 양식 10가지	229
알고갑시다 주부들의 시간 관리	240

찾아보기	242

시간 관리

TIME MANAGEMENT

ALERTS

Chapter 1 왜 시간 관리를 하는가

Chapter 2 시간 관리 전에 할 일

Chapter 3 시간 관리의 5가지 법칙

Chapter 4 자신만의 시간 프레임워크

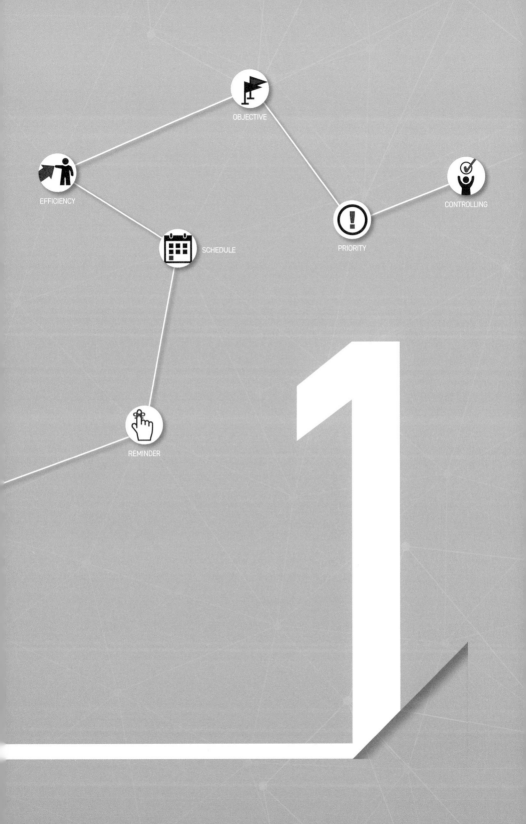

한 시간을 낭비해도 된다고 생각하는 사람은
인생의 가치를 모른다.
_____ 찰스 다윈

스케줄러에 속지 말라. 시간은 쓰기 나름이다.
1년 동안 일주일치 일만 하는 사람도 있고
일주일 동안 1년치 일을 하는 사람도 있다.
_____ 찰스 리처즈

날짜와 함께 적어 놓으면 그것이 목표가 되고
목표를 잘게 나누면 그것이 계획이 되며
그 계획을 실행에 옮기면 꿈이 현실이 된다.
_____ 그레그 S 레이드

우선순위를 정하지 않고 시간을 관리하는 것은
총을 마구 쏘면서 아무 것이나 맞추는 대로
표적이라고 부르는 일과 같다.
_____ 괴테

시간을 가장 못 쓰는 사람이
가장 먼저 시간이 없다고 불평한다.
_____ 장 드 라 브뤼에르

승자의 하루는 24시간이고
패자의 하루는 23시간뿐이다.
_____ 시드니 J 해리스

당신이 얼마나 빨리 가느냐보다
어디로 가고 있느냐가 중요하다.
우리에게는 시계가 아니라 나침판이 필요하다.
_____ 스티븐 코비

01

왜 시간 관리를 하는가

꿈을 목표로 삼을 때, 꿈은 실현된다

누구나 출세의 꿈, 성공의 꿈을 가지고 있지만 모두가 꿈을 이루는 것은 아닙니다. 꿈을 현실로 이루기 위해서는 꿈을 이루고자 하는 목표와 이를 이루기 위한 열정과 노력이 뒤따라 와야 하고, 급한 일보다는 필요하고 중요한 일을 우선적으로 선택하고 진행하는 지속력과 습관이 필요합니다.

그리고 **목표와 꿈이 하나가 된 사람이 꿈을 실현할 수 있습니다.** 이뤄야 하는 목표를 실천할 수 있는 단위로 작게 나눈 다음 매일 조금씩 실천할 때 꿈에 더 가까이 다가설 수 있습니다. **우리가 시간을 관리하고, 인맥을 관리하고, 문서를 관리하는 이유는 꿈을 이루기 위해서입니다.**

'난 못 해.'라는 생각과 '난 흙수저이기에 부자가 될 수 없어.'라는 생각은 당신의 꿈을 가로 막는 걸림돌 역할을 합니다. 인생을 살다 보면 꿈을 가로 막는 걸림돌이 발생하지만 그 걸림돌이 아무리 크다 해도 결코 해결하지 못할 문제가 아닙니다. 문제에는 반드시 답이 있습니다.

내 앞에 있는 걸림돌을 디딤돌이 되게 하기 위해서는 생각하는 습관을 가져야 합니다. 문제를 해결하기 위해서는 관련 문제를 해결할 수 있는 **솔루션(How)**을 찾아야 합니다. 내가 가진 꿈을 **왜(Why)** 이루고자 하는지, **무슨(What)** 꿈인지 구체화하는 것이 중요합니다. 그렇지 않다면 꿈을 이루고자 하는 동기와 목표가 흐려져 얼마 있지 않아 바쁜 일상으로 인해 포기하게 되기 때문입니다.

목표 관리, 시간 관리, 인맥 관리, 문서 관리는 꿈을 이루는 통로가 되며, 오늘날 스마트폰은 꿈을 이루는 도구가 될 것입니다.

꿈을 이루기 위해 VAT 설정하기

꿈과 목표를 하나로 일치시켰다면 다시금 자문자답합니다. '**왜 꿈을 이루고자 하는가?**', 그리고 그 꿈을 이루기 위해 시간을 얼마만큼 투자하고 있고, 투자한 시간이 그 만큼의 가치가 있는지를 물어 보아야 합니다.

시간은 시한부 인생에게 생명과 같습니다. 수험생에게는 합격과 불합격을 가르는 잣대가 되기도 하고, 직장인에게는 업무를 제대로 처리할 수 있느냐 없느냐를 결정합니다.

사람들 대부분은 자신의 시간을 가치 없는 곳에 투자하고 있지만 시간 낭비라고 생각하지 못하고 살아갑니다. 공부, 업무, 레저를 위해 시간을 투자하지만 돌이켜 보면 자신의 꿈을 이루기 위해 하루에 단 3시간도 할애하지 못하는 것이 사실입니다. 지금부터 **꿈을 이루기 위해 하루에 3시간을 투자하기 위해 노력합시다.** 그 시간이 인생의 전환점을 만들 것입니다. 퇴근 후 3시간을 꿈을 이루는 시간으로 만들 수도 있을 것이며, 24시간을 27시간처럼 사용할 수도 있을 것입니다.

VAT 공식 – 꿈을 현실로 이루기 위한 공식

꿈(목표) (Goal) = 가치 (Value) × 행동 (Action) × 시간 (Time)

무조건 시간만 많이 투자한다고 꿈은 이루어지지 않습니다. 가치를 정하지 않으면 행동을 정할 수 없고 행동을 정하지 않으면 시간을 투자할 수 없어서 좋은 결과를 얻을 수 없습니다. **꿈을 이루기 원한다면 자신의 꿈과 목표가 이룰만한 가치가 있는지 알아야 하고, 그 가치를 이루기 위해 행동하는 시간이 충분해야 꿈을 이룰 수 있습니다.**

과거에는 수첩에 목표와 일정, 할 일, 인맥 등 다양한 정보들을 일일이 적어 가지고 다녔지만 지금은 스마트폰에 이 모든 것을 담아서 관리할 수 있습니다. 자신의 꿈을 스마트폰에 넣고 다니면서 수시로 확인하고 이를 이루기 위해 일정과 할 일을 관리해 나가야 합니다. **꿈은 하루아침에 이루어지지 않습니다.**

구글 드라이브에 자신의 꿈과 목표를 작성하고 꿈을 이루기 위해 일정을 구글 캘린더로 관리하며, 할 일 목록을 통해 매일 해야 할 일들을 나누어서 처리해 나가기를 추천합니다. 작은 습관과 행동이 꿈을 현실로 한 걸음씩 앞당기는 계기가 될 것입니다.

삶의 가치를 위해 투자하기

100세 시대, 당신이 65세에 은퇴하면 35년이 남는다고 볼 수 있습니다. 은퇴 후 어떻게 살 것인지 30세부터 인생을 계획하고 그 가치를 찾는다면 삶의 질은 높아질 수밖에 없습니다.

그러나 남은 시간이 70년이든 50년이든 중요하지 않습니다. 남은 시간이 짧다고 불행한 것이 아니며, 남은 시간이 많다고 행복한 것도 아닙니다. 시간을 관리하지 못해 무의미하게 흘려 보내는 것이 불행한 일입니다. **삶의 가치를 실현하기 위해 노력하는 사람에게 시간은 행복을 만드는 통로가 됩니다.**

자신의 연간 계획과 월간 계획, 주간 계획을 통해 삶의 핵심 가치를 실현해 나가는 것이 중요합니다. 이를 위해 **선택과 집중**이 뒤따라 와야 합니다. 많은 시간을 내어서 뭔가를 많이 해서 돈을 빌 수 있겠지만 자신의 가치를 실현할 수는 없습니다. 우리에게는 매년 8,760시간이 허락되었습니다. 제한된 시간이기에 우리가 할 수 있는 일도 제한적일 수밖에 없습니다. 삶의 가치와 꿈을 이루기 위해 에너지를 집중하면서 불필요한 일들은 줄여야 합니다. 보이는 대로 열심히 일만 하게 되면 부족한 시간에 쫓겨서 시간의 노예로 살 수 밖에 없습니다.

먼저 이루고자 하는 일들을 목록화하여 버킷 리스트를 만듭니다. 구글 킵이나 태스크는 독자 여러분들이 꿈을 이루는 데 도움을 줄 것입니다.▸117쪽 참고 우선 머리에 떠오르는 대로 작성한 다음 가치 기준에 따라 하나씩 선택하면 됩니다.

Note 자이베르트의 시간 관리 십계명

1. 비슷한 업무는 모아서 한꺼번에 처리한다. 메일, 전화 통화는 한꺼번에 처리한다.
2. 의도적으로 외부 방해를 차단하여 조용히 집중할 수 있는 시간을 마련하라. 약속은 사전에 하고 회의, 방문, 전화, 이메일 등 시간 도둑을 멀리한다.
3. 회의 시간을 제한하고 안건마다 기한을 둔다. 회의는 1시간 이내로 하고 보고서는 1페이지로 작성한다.
4. 원칙적으로 모든 업무에 대해 우선순위를 설정한다. 목표의 중요도에 따라 우선순위를 정한다.
5. 가능한 정말 중요한 것만 하라. 20%의 시간을 투자하고 80%의 성과를 얻을 수 있는 일을 하라.
6. 위임 가능성을 충분히 활용하라. 위임할 수 있는 일은 위임하고 위임자가 자질이 부족한 경우 교육을 통해서 향상하라.
7. 큰 규모의 업무는 세분화하라.
8. A급 과제를 처리하는 기한은 자신에게 가장 적합하게 설정하라.
9. 중점 과제와 중요한 일을 먼저 처리하라.
10. 능률을 고려하여 계획을 세워라.

02

시간 관리 전에 할 일

동기 부여를 하고 목표 세우기

시간 관리를 위해 가장 중요한 것은 목표, 계획, 우선순위를 정하는 것입니다. 명확한 목표가 없으면 아무리 멋진 계획도 실천하기 어렵습니다.

목표를 세우기 전에 **왜 이러한 목표를 세웠는지에 대한 이유**가 있어야 하는데 이것이 바로 동기입니다. 동기 부여가 없이 목표만 세우면 작심삼일이 되기 쉽고, 동기 부여가 있어도 그 목표가 당장 이룰 수 없는 목표이거나 세부적으로 나누어 실행 가능하지 않으면 이루기 힘듭니다. 앞으로 설명할 **프레임의 법칙, 파레토의 법칙, 우선순위의 법칙, 3-5-7-9 법칙, 파킨슨의 법칙**을 통해 목표 관리, 일정 관리, 할 일 관리, 인맥 관리, 문서 관리를 해 봅시다.

> **[TIP]** 일정과 할 일을 제대로 관리하지 못하는 이유는 목표를 정하거나 과제를 정할 때 자신의 감정과 생각이 부족했기 때문입니다. 이루고자 하는 꿈과 목표가 이루어졌을 때를 상상해 보고 스스로 이 일을 하면 어떤 일이 생길지, 하지 않으면 어떤 일이 생길지 생각해 보아야 합니다. 미래에 나의 모습을 상상하다 보면 자신만의 동기를 찾을 수 있을 것입니다.

골든 서클을 통해 본 시간 관리

미국 컨설턴트인 사이먼 사이넥(Simon Sinek)은 테드 강의 **Start with Why(왜로 시작하라)**에서 그가 그린 골든 서클(Golden Circle)을 통해 문제 해결을 하는 방법을 보여 주었습니다. 서클 가장 중심부에 있는 Why는 질문을 통해 목적이나 존재 이유, 원인에 대한 질문을 하고 있으며, 다음 서클에서는 Why를 실현하기 위한 행동으로서 How에 대해 말하고 있습니다. 마지막 서클에서는 행동에 대한 결과로서의 What을 이야기하고 있습니다.

추구하고자 하는 가치를 실현하기 위해 골든 서클에 따라 시간 관리 플랜을 점검합니다.

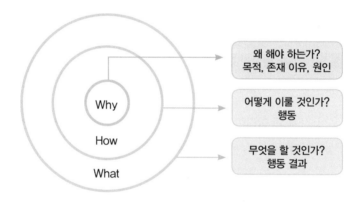

01 왜 시간을 관리하고자 하는가 – Why

왜 이 책을 보게 되었습니까? 행복하기 위해서입니까? 인생을 즐기기 위해서입니까? 가족과 함께 여행을 가기 위해서입니까? 젊은 시절 가슴에 품었던 꿈을 이루기 위해서입니까? 남은 삶에 의미를 부여하기 위한 버킷 리스트를 실현하기 위해서입니까?

어떤 이유이든, 이유가 명확하지 않다면 어떤 것도 실현하거나 시작할 수 없습니다.

02 무엇을 하기를 원하는가 - What

이루고자 하는 목표나 꿈을 목록화하세요. 그것이 버킷 리스트일 수 있고 드림 리스트일 수도 있습니다. 가치관에 따라 세운 목표 행동은 짧은 기간에 이룰 수 있는 것도 있고 중장기적으로 준비해야 이룰 수 있는 것들도 있을 것입니다. 목록화하고 다시 분류한 다음 우선순위만 정하여 다음 단계로 넘어갑니다.

03 원하는 것을 스케줄에 넣어라 - How

실행하기 위해서는 반드시 목록화한 것들을 연간 일정이나 월간 일정에 넣어야 합니다. 일정은 목표 성격에 따라 분류가 필요합니다. 예를 들면 '해외 여행가기'는 '연간 일정'이나 '월간 일정'에 넣어서 관리하고, 건강을 위해 조깅을 하거나 헬스를 하는 경우라면 '할 일 목록'에 넣어서 관리합니다.

정말 이루고 싶은 목표나 꿈이 있다면 VAT▶18쪽 참고을 설정하여 관리하는 것도 좋은 방법입니다.

> **[TIP]** 할 일이 너무 많다고 고민하고 있습니까? 모든 일을 다 할 수 없습니다. 모든 일들을 해야 할 이유가 없으며 다 해서도 안 됩니다. 더 많이 해야 한다는 욕구를 내려놓아야 합니다.

시간 관리의 5가지 법칙

시간 관리의 다섯 가지 법칙인 프레임의 법칙, 파레토의 법칙, 우선순위의 법칙 (아이젠하워 법칙), 3-5-7-9 법칙(프랭클린), 파킨슨의 법칙은 시간을 효과적으로 관리하고자 하는 사람들의 법칙입니다. 자신의 꿈과 목표를 위해 프레임을 맞추고, 파레토의 법칙에 따른 시간 관리와 함께 우선순위를 정해서 일을 처리함으로써 자신의 목표에 한 걸음 더 나갈 수 있습니다. 프랭클린의 3-5-7-9 법칙은 균형 있는 삶을 살아갈 수 있는 가이드라인을 제시할 것입니다. 마지막으로 버킷 리스트나 일에 대한 마감 시간을 정함으로써 생각이나 꿈이 현실화될 것입니다.

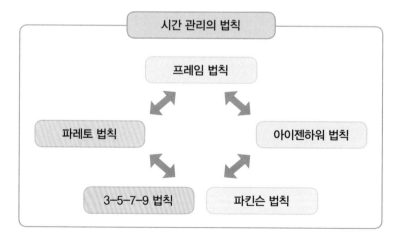

프레임 법칙 - 단순성, 빼기 법칙

프레임(Frame)은 창틀이란 의미로, 사람들의 관점 및 생각의 틀을 의미하기도 합니다. 사진을 잘 찍는 사람들은 프레임 선정에 탁월합니다. 사진작가는 자신이 보고 있는 모든 것을 담으려고 하지 않습니다. 표현하고자 하는 부분만 클로즈업하여 촬영하거나 자신만의 표현 방식을 통해 프레임 속에 피사체를 담습니다.

시간도 마찬가지입니다. 우리는 하루 24시간이라는 제한된 시간을 가지고 살아가고 있기에 자신만의 시간 프레임을 가져야 합니다. 인생의 디딤돌과 같은 부분만 프레임 속에 넣어야 합니다.

이 프레임은 크게 상위 프레임과 하위 프레임으로 나누어지는데 상위 프레임은 왜 꿈을 가지는지를 설명하는 이유이자, 의미며, 목표요, 비전입니다. 하위 프레임은 그 일을 하기가 쉬운지, 어려운지, 시간이 얼마나 걸리는지, 성공 가능성이 있는지에 대한 절차나 방법입니다. 하위 프레임(What, How)에 집착하면 인생의 궁극적인 목표를 놓치기 쉽습니다. 그렇기 때문에 **자신의 꿈을 이루기 위해 반드시 목표에 맞게 상위 프레임을 설정해야 합니다.**

결코 많은 일을 한다고 해서 행복할 수 없습니다. 자신의 꿈과 목표를 프레임 속에 넣었다면 이제 **목표를 이루기 위해 단순해지는 용기가 필요합니다.** 앨버트 아인슈타인은 '간단하게 설명하지 못한다는 것은 완벽하게 장악하지 못했다는 의미'라고 했습니다. 많은 사람들이 무언가를 이루기 위해 더하는 삶의 방법을 택할 때 당신은 꿈을 이루기 위해 단순화해야 하고 이를 이루기 위해 **빼야 하는 삶**을 살아야 합니다. 관점이 달라지면 다른 해석을 낳게 되고 다른 결과를 이끌어낼 것입니다. 그 첫 단추가 프레임을 바꾸는 데서 시작됩니다.

파레토 법칙 - 80/20 법칙

파레토 법칙은 상위 20%가 전체 생산의 80%를 만든다는 법칙으로, 경영 컨설턴트인 조지프 듀란이 이탈리아 경제학자 빌프레도 파레토가 발견한 현상에서 이름을 따와 파레토 법칙으로 세상에 알려졌습니다. 파레토는 1896년에 이탈리아 인구 20%가 80% 땅을 소유하는 현상에 대해 논문을 발표했는데 이 법칙은 다양한 부분에 적용되고 있습니다. 가장 잘 팔리는 제품 20%가 매장 매출의 80%를 차지한다거나, 상위 20%의 축구선수가 80%의 골을 넣으며, 올림픽에서 상위 20%의 국가가 메달의 80%를 가져가는 것을 예로 들 수 있습니다.

이 법칙을 시간에 적용하면, 하루 10시간을 일한다면 2시간의 일이 80%의 영향을 미칠 수 있는 효율을 가질 수 있습니다. 파레토의 법칙에 반대하며 롱테일 법칙(80%의 사소한 다수가 20%의 핵심 소수보다 뛰어난 가치를 창출한다는 이론)을 주장하는 사람들도 있지만 중요한 것은 파레토의 법칙에 담긴 기본 원칙인 **선택과 집중의 가치**는 변하지 않는다는 것입니다. 우리는 80%에 해당하는 시간을 이메일을 확인하거나 SNS에 사용하고 있습니다. 자신이 집중할 20%를 찾아서 계획하고 성취할 때 무작정 시간만 투자하거나 일만 하다가 아무것도 이루지 못하는 상황에서 벗어날 수 있을 것입니다.

아이젠하워 법칙 - 우선순위 법칙

파레토의 법칙에 따라 하루 중 가장 중요한 일을 하루 일과 중 20%의 시간 안에 처리하는 효과를 이루기 위해서는 우선순위에 따라 일을 처리해야 합니다. 사무실 책상에 놓여 있는 복잡한 서류들을 정리하지 않으면 서류를 찾다가 시간만 허비합니다. 시간도 마찬가지입니다. 자신의 시간을 정리하지 않으면 결코 효과적인 결과를 얻을 수 없습니다. 효과적으로 시간을 투자하기 위해서는 아이젠하워 법칙에 따라 우선순위를 정해야 합니다. 아이젠하워 법칙을 시간과 연결하면 무엇을 먼저하고 무엇을 뒤에 해야 할 것인지를 정확히 분류할 수 있습니다.

01 물건 정리 정돈에 따른 아이젠하워 법칙

아이젠하워 법칙을 이용하기 위해 빈 책상이나 빈 공간을 4등분합니다. 그리고 4등분한 공간에 각각 번호를 붙인 후 책상 안 물건이나 방에 있는 흩어진 물건들을 다음 기준에 맞춰서 분류합니다.

1번 공간에는 버릴 것을, 2번 공간에는 다른 사람에게 지시해 처리할 것을, 3번 공간에는 즉시 처리해야 할 것을, 4번 공간에는 지금 당장 직접 처리할 것을 배치합니다. 버릴 물건들이란 묵은 신문, 지난 카탈로그, 학생 시절의 참고서, 쓰지 않는 카드, 지난 해 달력, 사용하지 않는 도구 같은 물건입니다. 그런 후 두 번째로 다른 사람들에게 전달하거나 위탁하여 해결할 것들을 쌓습니다. 다른 사람들의 도움을 받거나 다른 사람에게 위임함으로써 시간을 절감합니다. 세 번째로 지금 당장 해결할 것들을 쌓습니다. 필요한 문서, 자료들을 모아 둡니다. 여기에 쌓은 자료는 반드시 처리해야 하고 미뤄서는 안 될 것들입니다. 마지막 네 번째로 해야 할 일들 중에서 즉시, 직접 처리해야 할 중요한 일을 쌓습니다. 결재, 대표 면담, 직원 면접, 계약과 관련된 사안들을 포함합니다.

1번 공간 : 버릴 것	2번 공간 : 위임, 지시
신문, 지난 카탈로그, 학생 시절의 참고서, 쓰지 않는 카드, 지난 해 달력, 사용하지 않는 도구	일상적인 전화 업무, USB 메모리 복사, 물건 전달, 우편물 배송, 팩스 수·발신, 은행 입출금 업무, 장부 정리
3번 공간 : 즉시, 협업	**4번 공간 : 즉시, 직접**
업무에 필요한 문서 작성, 프레젠테이션 파일 만들기, 협조 문서 만들기, 공문 작성, 긴급한 기안 작성	최종 결재, 대표 면담, 직원 면접, 계약

※ 직책이나 업무 성격에 따라 분류 방식이 달라질 수 있습니다.

아이젠하워는 미국 대통령 임기 8년 동안 자신의 '아이젠하워 법칙'을 지켰습니다. 복잡하게 얽힌 일을 혼자 고민하지 않고 버릴 것은 버리고 위임할 것은 위임했으며, 협조가 필요한 것은 도움을 구했고, 지금 당장 자신이 처리해야 할 일과 언락, 중재 업무를 정확하게 구분하여 처리한 대통령으로 기억되고 있습니다.

02 시간 관리에 따른 아이젠하워 법칙

한정된 시간을 효과적으로 사용하고 싶다면 아이젠하워의 시간 매트릭스를 활용합니다. 아이젠하워 매트릭스는 업무 우선순위를 설정하거나 생산성을 높일 때 활용할 수 있습니다.

빈 종이를 크게 네 구역으로 나눕니다. 칸 각각에 해야 할 일을 구분하여 정리하는데 가로 X축은 시간 축으로 긴급도에 해당하고, 세로 Y축은 중요도에 해당합니다.

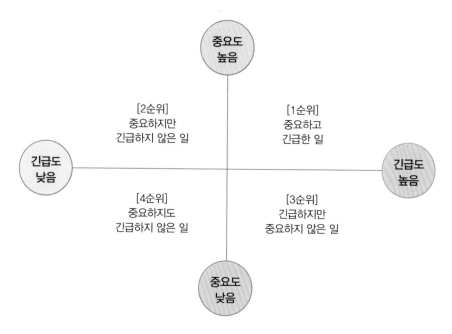

1순위 일은 중요하면서 긴급하게 처리할 일로, 다른 사람과 같이 해야 할 일이나 마감이 얼마 남지 않은 프로젝트입니다. 고객의 긴급 클레임, 돌발 사항, 중요하면서 시간을 다투는 최우선적으로 처리할 일에 해당합니다.

2순위는 중요하지만 긴급하지 않는 일로, 기한이 한참 남았지만 중요한 장기 프로젝트에 해당합니다. 일반적으로 꿈이나 목표 등이 여기에 해당하며, 만약 시한부 인생이나 시간적으로 제한이 되어 있는 버킷 리스트를 진행할 경우 1순위에 해당할 수 있겠지만 특별한 시간적 제한이 없으면서 꿈 및 비전과 연관되어 있는 일이라면 2순위에 해당합니다. 서둘러 처리하기보다 마감 날짜에 맞춰 계획을 수립해 나가거나 재원을 충분히 파악해서 처리합니다.

3순위는 긴급하지만 중요하지 않는 일로, 보고나 회의에 따른 문서 작성, 업무용 이메일 작성 등은 중요도는 낮을 수 있지만 긴급한 경우가 많습니다. 직장인들이 업무 시간의 30%를 이메일을 처리하는 데 투자하고 있으며, 보고서 작성에 불필요하게 많은 시간을 투자하고 있는 것이 사실입니다. 이러한 일들은 시간 낭비를 일으키는 주범이기에 타인에게 부탁할 수 있는 내용이라면 위탁하거나 위임해서 빠르게 처리합니다. 만약 직접 처리해야 할 경우라면 너무 많은 시간을 투입하지 않아야 합니다.

4순위는 긴급하지도 중요하지도 않는 일입니다. 인터넷 서핑, 페이스북 확인, 개인 이메일 확인 등의 일은 업무 시간에 처리하지 않아도 될 일들입니다. 이런 일은 휴식 시간에 처리합니다.

3-5-7-9 법칙 - 프랭클린의 24시간 법칙

프랭클린은 가난한 집안에 태어나 정규 교육을 받지 못했지만 미국 건국 기초를 다진 인물로, 미국 화폐 100달러 지폐 속에서 쉽게 찾아 볼 수 있는 유명한 사람입니다. 그의 남다른 성공 비결은 시간 관리에 있습니다. 그는 하루 9시간 동안 일하고, 7시간은 수면을 취했으며, 5시간은 식사와 여가에 투자했고, 3시간은 독서와 자기 개발에 사용했습니다. 이를 기반으로 현재 미국 하버드 대학과 MBA 수업에서 가장 먼저 가르치는 것이 바로 시간 관리입니다.

3시간 = 독서, 연구 등 자기 개발을 하는 시간
5시간 = 식사 포함 여가(취미활동)를 보내는 시간
7시간 = 수면 시간
9시간 = 일을 하는 시간

이 모든 숫자를 더하게 되면 하루 24시간이 완성됩니다. 생각보다 수면 시간이 많다고 생각하는 사람들도 있을 것이고, 여가 및 휴식 시간이 많다고 생각하는 사람들이 있을 수도 있습니다. 하지만 벤자민 프랭클린은 열심히 일하며 살기 위해서 가장 중요한 것이 바로 여가 및 휴식이라고 말했습니다. 무조건 더 많은 일을 하려고 시간을 줄여서는 아무런 효과가 없습니다. 프랭클린처럼 자기 개발을 위해 인간관계를 유지하거나 행복하기 위해 시간을 투자해야 합니다. 일과 휴식, 생존을 위한 시간을 균형 있게 맞추는 것이 중요합니다.

파킨슨 법칙 - 마감 시간과 추진력, 집중력의 법칙

한 대학 교수가 두 그룹으로 나누어 학생들에게 같은 주제의 레포트를 쓰도록 지시했습니다. 한 그룹은 일주일 안에, 다른 그룹은 한 달 안에 작성하도록 했습니다. 그런데 기한 안에 레포트를 제출하지 못한 학생 비율은 두 그룹 모두 비슷했습니다. 특히 일주일 안에 제출한 레포트와 한 달의 시간을 준 레포트 완성도가 별 차이가 나지 않았다고 합니다. 이처럼 시간을 길게 잡으면 게으름만 늘어나는 현상을 '**파킨슨의 법칙**(Parkinson's Law)'이라고 합니다.

영국의 역사학자이자 경영연구자인 파킨슨(C. Northcote Parkinson)이 발표한 이 법칙은 원래 '업무는 그것을 완수하는 데 사용할 수 있는 시간을 채울 만큼 확대되기 마련'이라는 내용으로, 일의 양에 관계없이 영국 공무원 수가 계속해서 늘어나는 것을 분석한 결과였습니다.

파킨슨 법칙을 시간에 적용하면, 시간을 효과적으로 운영하거나 관리하기 위해서는 **반드시 마감 시간이 정해져 있어야 합니다.** 만약 마감 시간이 정해져 있지 않으면 계속 미루게 되고, 결국 서둘러서 하다 보면 중요한 내용을 빼먹거나 대충 업무를 마감하게 됩니다. 마감 시간이 정해져 있으면 임박했을 때 좀 더 에너지를 투자하여 추진력을 더해 일을 마감할 수 있어서, 불필요한 부분이나 업무와 관련 없는 일에 신경을 쓰지 않고 일을 처리할 수 있게 됩니다.

파킨슨의 법칙을 시간 관리에 적용하면, 불필요한 전화나 문자, 이메일 등을 한꺼번에 확인하거나 처리하는 습관이 필요하며, 마감 시간을 정할 때는 반드시 휴식 시간도 고려하면서 시간을 여유 있게 계획해야 합니다.

Note 하버드 신입생들의 첫 강의

하버드 대학은 세계 최고 지성인들의 산실이며, 미국에서 가장 오래된 세계 최고의 명문 대학입니다. 47명의 노벨상 수상자, 32명의 국가 원수, 48명의 퓰리처상 수상자 등 다양한 인재를 양성한 곳이기도 합니다.

이런 대학에서 신입생들을 위한 첫 강의가 바로 시간 관리 수업입니다. 그렇다면 하버드 대학생들은 시간을 어떻게 관리하고 있을까라는 의문이 생길 수밖에 없습니다.

하버드 대학생들은 일반 학생에 비해 목표 의식이 강합니다. 그렇다 보니 시간 관리에서도 이런 면모가 그대로 반영됩니다. 목표를 이루기 위해 장기적인 목표를 세우고 그것을 이루기 위한 실천을 합니다. 이런 실천을 짧게는 몇 년, 길게는 수십 년을 합니다. 그 결과 자수성가를 하거나 사회에 영향을 끼치는 인물이 됩니다.

하버드 대학생들은 구체적인 목표, 현재 상황, SWOT 분석을 통한 개인의 특기 등을 고려하여 실현 가능한 목표를 세우며, 지금 가장 연관된 일에서부터 단계성을 가지면서 목표를 이루어 나갑니다. 그리고 아이젠하워가 제시한, 중요하고 긴급한 일, 중요하지만 긴급하지 않는 일, 긴급하지만 중요하지 않는 일, 긴급하지도 중요하지도 않는 일을 구분하여 시간을 관리하기 때문에 자신이 직접 해야 할 일과 위임할 일, 포기할 일을 정확하게 구분합니다.

이 외에도 효과적인 시간 배분을 위해 파레토의 법칙(20:80)과 3-5-7-9 법칙에 대해 가르치고 있습니다. 하루 24시간을 나누어 7시간을 휴식하고, 9시간을 업무 처리에 활용하고, 5시간은 식사와 티타임을 가집니다. 그리고 남은 시간인 3시간을 자기 개발을 위해 사용합니다.

일반적으로 3시간은 개인적인 휴식이나 일에 투자하는 경우가 대부분입니다. 3시간을 자기 발전을 위해 투자하기 위해서는 3시간을 어떻게 사용할지 구체적이면서 실질적인 대안을 가지고 있어야 합니다.

시간 관리가 너무 복잡해서도 안 되겠지만, 목표와 목적, 선택과 집중에 따른 실천 방법이 따라 와야 하기 때문에 필자가 제시하는 프레임의 법칙, 파레토의 법칙, 아이젠하워의 법칙, 3-5-7-9 법칙, 파킨슨의 법칙은 활용할 수 있어야 합니다.

04

자신만의 시간 프레임워크

프레임워크는 데이터와 현상을 분석하는 데 유용한 도구입니다. 업무와 전문 분야에 맞는 프레임워크를 개발하고 활용함으로써 짧은 시간에 중요한 일을 이룰수 있습니다. 앞서 설명한 시간 관리의 법칙과 함께 프레임워크는 목표, 일정, 할 일, 인맥, 문서 관리에 자주 사용되고 있는 도구입니다.

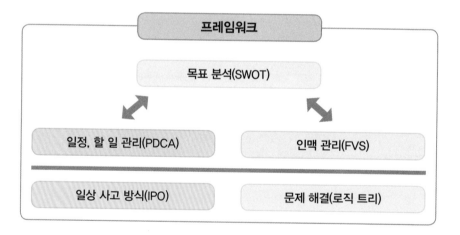

스왓 분석으로 목표 분석하기

스왓(SWOT) 분석이란 Strength(강점)와 Weakness(약점), Opportunity(기회)와 Threat(위기)의 각 단어 약자에서 가져왔으며 주로 Strength와 Weakness는 조직이나 개인의 내부적 상황을 이야기하는 것이고, Opportunity와 Threat는 외부 환경을 말하는 데 적용됩니다.

각종 기획서나 프로젝트에 기본적으로 다루어지는 프레임워크로, 매트릭스라고도 하며, 이 매트릭스를 통해 자신의 강점, 약점을 파악하고 이루고자 하는 꿈과 목표를 향한 기회, 이를 이루기 위해 지불해야 할 비용이나 행동을 찾는 데 활용할 수 있습니다.

스왓 분석에서는 주로 외부 환경(O, T)과 내부 환경(S, W)을 2×2로 믹스해서 S/O 전략과 S/T 전략, W/O 전략, W/T 전략을 분석함으로써 잘하고 있는 부분과 잘못하는 부분을 극복할 수도 있습니다. 그러나 분석 자체만으로 도움이 되지 않는 경우가 많습니다.

스왓 분석을 통해 어떻게 하면 자신의 약점을 강점으로 만들 것인지, 그리고 어떻게 하면 기회를 강점으로 만들 것인지를 생각합니다.

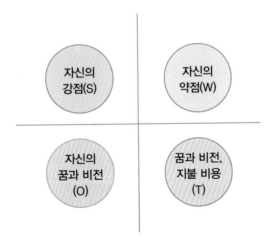

FVS 관점으로 인맥 관리하기

인맥 관리의 목적은 무엇일까요? 소통을 통해 상호 사이에 필요한 것을 채우는 것입니다. 상대방이 필요한 것이나 원하는 것이 무엇인지를 추측한다고 인맥을 잘 관리할 수 있는 것은 아닙니다. FVS(Frame, Value, Story)는 원래 마케팅에 활용되는 기법으로, 고객 입장과 고객 프레임에서 마케팅을 바라보고 그 가치를 이야기를 통해 풀어 내는 방식입니다.

시간 관리의 법칙 중 하나인 프레임의 법칙처럼 인맥을 관리하는 데 있어서 중요한 것이 프레임(Frame)입니다. 내가 만나는 사람, 내가 관리하고자 하는 사람에 대한 관점에 따라 시간을 투자하고 관리하는 것입니다. 이러한 관점에 따라 **가치와 이야기, 방향**이 달라집니다. 인맥 관리에 있어서 내가 관리하는 대상을 3인칭 관점에서 바라보면 고객이지만, 2인칭 관점에서 보면 너(당신)라고 부를 수 있을 만큼 가까운 관계가 됩니다. 이런 친밀한 관계가 바로 인맥을 관리하는 기본이며, 이 기본에서 고객을 바라보면 3인칭에서 볼 수 없었던 것을 보게 됩니다.

인맥 관리에서 중요한 두 번째는 상대방이 필요한 것이 무엇인지 파악하고 이를 채우기 위한 가치(Value)를 제공하는 것입니다. 이때 가치란 상대방이 나와 인맥 관계를 맺는 이유이며 당신이 상대방을 인맥으로 선택한 이유입니다. 주소록에는 1년에 한 번도 통화하지 않거나 문자나 카카오톡을 보내지 않는 인맥도 있고, 몇 년 동안 소통을 하지 않는 인맥도 포함되어 있습니다. 이러한 전화번호를 정리하고자 할 때 선택 기준이 될 수 있는 것이 바로 가치입니다. 필요한지 필요하지 않는지를 선택하는 과정을 통해 인맥 관리에 투자되는 시간을 과감하게 절감할 수 있습니다.

마지막으로 이야기(Story)입니다. 누군가에게 자신의 명함 한 장을 건네는 것만으로는 비즈니스나 인맥 관리가 2%가 부족합니다. 당신이 명함 한 장을 받는다고 상대방을 기억하기란 쉽지 않듯 상대방도 마찬가지입니다. 한 장의 명함과 함께 자신의 가치를 담은 이야기를 함께 건넬 때 사람들은 오랫동안 당신을 기억합니다.

IPO 사고방식으로 일 처리하기

IPO(Input-Process-Output; 정보 수집-계획-평가)는 작업 흐름을 정리하는 사고방식입니다. 하루에 처리할 일들이 많다고 가정해 봅시다. 무작정 눈에 보이는 대로 처리하다 보면 뒤죽박죽되어서 정말 중요한 것은 처리하지 못하는 경우가 많습니다. 시간을 투자하였다면(Input) 반드시 투자한 만큼의 결과 값(Output)을 내야 합니다. 그러나 그 결과가 신통치 않으면 계획과 실행 단계(Process)에 문제가 있는 것입니다.

문제 해결을 위해 로직 트리 활용하기

일상에서든 업무에서든 문제를 만나게 되면 많은 시간을 투자해야 합니다. 그때 로직 트리를 활용하면 시간을 효과적으로 사용하여 문제를 해결할 수 있습니다. **로직 트리는 문제 원인과 해결책을 찾는, 생각하는 기술**입니다.

일상에서 문제를 만나면 사람들은 문제를 기피하거나 문제가 생긴 것에 대해 변명하려는 태도를 가집니다. 이들은 주로 문제를 문제로 인정하지 않는데 이들을 가리켜 문제 기피형이라고 합니다. 그리고 문제로 인한 현황은 정확히 파악하지만 문제의 핵심은 정확하게 파악하지 못하고 문제만 나열하는 문제 노출형도 있습니다. 이들은 전문적인 통찰력이 부족한 유형입니다.

그러나 문제 해결형은 원인과 핵심 과제를 파악한 다음, 긍정적으로 문제 상황을 대처해 나가는데 이들이 주로 활용하는 프레임워크가 바로 로직 트리입니다.

로직 트리는 문제 원인을 논리적으로 분해하기 위해 나무 모양으로 나열하고 왜(Why Tree)라는 질문에서부터 시작하여, 무엇(What Tree)을, 어떻게(How Tree)라는 질문을 통해 문제의 본질을 파악해 갑니다.

5Why를 통해 문제의 근본적인 원인을 파악하기도 합니다. 문제 원인이 파악되었다면 문제를 해결하기 위해 무엇을 해야 할지를 선정하고, 해결 방안을 실천

할 수 있는 크기로 나누어서 체크 리스트를 만듭니다. 체크 리스트 속 내용 중 누락되었거나 중복된 부분이 무엇인지를 파악하고 하나씩 해결해 나가야 합니다. 검증이 가능한 사실을 기반으로, 더 이상 왜(Why)라는 질문을 할 수 없을 때까지 질문해야 문제의 본질을 파악하고 해결할 수 있습니다.

> **[TIP]** 5Why는 도요타 자동차의 생산 방식 혁신인 TPS에서 발달된 도구로 RCA(근본 원인 분석) 기법 중 가장 널리 사용되는 방법론입니다. 어떤 문제가 발생할 경우 이에 대한 근본적인 원인에 가장 직접적이고 단순하게 매핑할 수 있도록 Why라는 질문을 다섯 번함으로써 문제의 본질에 접근합니다.

Note 2W1H

미국 시카고 대학 페르미 교수는 한정된 정보를 가지고 답을 추정할 때 2W1H(Why, What, How)를 기반으로 하였습니다. 페르미 추정은 어떠한 문제에 대한 일반적인 지식과 추론으로 짧은 시간 동안 근사치의 값을 찾는 방식으로, 정확한 답을 찾는데 목적을 두지 않고 한정된 정보를 가지고 답을 추정해 나갑니다.

페르미 추정으로 다음과 같은 문제에 대한 추정 값을 구할 수 있습니다.

- 서울시 전봇대는 모두 몇 개일까?
- 한라산을 삽으로 모두 퍼내려면 몇 삽이나 퍼야 할까?
- 야구장을 땅콩으로 채우려면 몇 개 정도 들어갈까?
- 서울 상공에 떠 있는 항공기는 모두 몇 대일까?
- 한 개 구단이 안타를 1년간 몇 번이나 칠까?

출처 : 나무위키

PDCA로 일정과 할 일 관리하기 - 계획, 실행, 평가, 개선

PDCA는 Plan - Do - Check - Act의 약자로 **계획, 실행, 평가, 개선**의 4단계를 반복하여 업무를 지속적으로 개선하는 프레임워크입니다. 꿈과 목표는 하루아침에 이룰 수 없지만 연 단위, 월 단위, 주 단위로 세분화하여 스케줄을 잡고 할 일을 한 다음, 한 일에 대해 평가와 개선을 통해 진행하다 보면 꿈을 이룰 수 있습니다.

PDCA를 실현하기 위해 월 계획, 주간 계획, 일일 계획을 일정표에 넣고 할 일을 실천해야 합니다. PDCA를 어떻게 하면 실천할 수 있을까요?

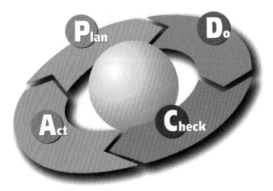

▲ 출처 : https://www.bulsuk.com/2009/02/taking-first-step-with-pdca.html

01 계획(Plan)

5W2H에 따라 기본적인 계획을 세웁니다. 왜 하는지, 무엇을 할 것인지, 누가 할 것인지, 그리고 어디에서 출발하고 언제 할 것인지를 정해야 하고 계획한 바를 어떻게 실천하고 얼마만큼의 예산을 준비할지를 파악합니다.

5W2H	내용
Why	왜 해야 하는가?
What	무엇을 해야 하는가?
Who	누가 해야 하는가?
Where	어디에서 시작하는가?
When	언제부터 시작하는가?
How	어떻게 하면 되는가?
How Much	예산 및 비용은 얼마나 될까?

계획에서 중요한 것은 목표를 구체적으로 서술하는 것입니다. 일을 처리하는 데 필요한 모든 정보를 수집한 다음 어떤 방법으로 해결할지와 시간이 얼마나 소요될지를 파악해야 합니다.

02 실행(Do)

계획을 기반으로 하여 우선순위를 정한 후 실행합니다.

03 평가(Check)

목표가 어떻게 진행되고 있는지, 진행 과정에 문제는 없었는지 평가합니다. 계획 단계에서 세운 목표와 결과는 동일하지 않을 수 있습니다. 목표를 분석하면서 결과를 평가합니다.

04 개선(Act)

전체 진행 상황 속에서 개선할 부분이 무엇인지를 파악하고 계획 단계나 실행 단계에서 다시 시작합니다. 어떻게 하면 효율적으로 일을 진행하고 시간을 단축시킬 수 있을지 고민합니다.

> **[TIP]** 구글 문서에 자신의 꿈이나 목표를 작성하세요. ▶93쪽 참고 그런 다음 목표와 꿈을 구글 캘린더에 넣을 수 있습니다. ▶104쪽 참고 목표를 구체적으로 이루기 위한 할 일 목록을 하나씩 적어 보세요.

① 크롬 브라우저에서 'https://goo.gl/hQcdTT'에 접속하고 구글 계정으로 로그인합니다. 만약 구글 계정이 없다면 회원 가입하고 로그인합니다. 링크에서 보이는 파일은 보기 전용이므로 사본을 저장합니다. [파일]-[사본 만들기]를 실행합니다.

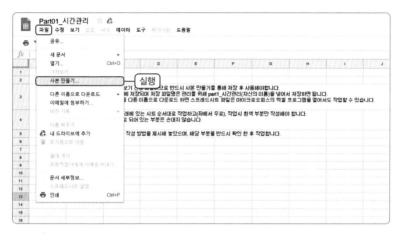

[다른 이름으로 다운로드]를 실행하여 저장하면 마이크로오피스 엑셀을 이용하여 작업할 수 있습니다.

② 관리를 위해 이름 뒤에 '(자신의 이름)'을 붙이고 [확인] 버튼을 클릭합니다. 파일이 사용자의 드라이브 폴더에 복제됩니다. 복제된 파일의 시트를 옮겨 가며 목표와 우선순위, 소요 시간 등을 작성해 보세요.

작업할 때 스프레드시트 아래에 있는 시트 순서대로 작업합니다. 흰색 부분만 작성해야 하며, 스프레드시트 안에 음영으로 되어 있는 부분은 작업하지 않습니다. 각 단계 아랫부분에 작성 방법을 제시해 놓았습니다.

실습 통일성과 편의성을 위해 구글 런처를 사전에 설치하면 좋습니다. 스마트폰 학습의 가장 큰 문제는 단말기마다 UI(User Interface, 사용자 인터페이스)가 다르다는 점입니다. 삼성 폰, 엘지 폰, 해외 직구 폰마다 UI가 다르기 때문에 설명하기 쉽지 않습니다. 안드로이드 폰이라면 구글 런처만 설치하면 동일한 화면에서 이 책의 내용을 실습할 수 있습니다.

① 구글 플레이 스토어(https://play.google.com/store)에 접속합니다.

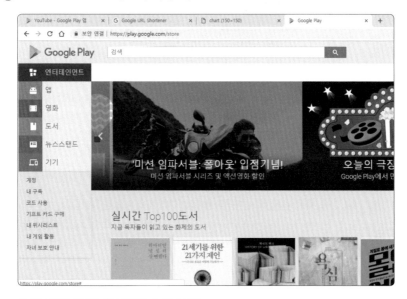

사이트 형태 및 기능은 달라질 수 있습니다.

② 구글 플레이 스토어에서 '구글런처'를 검색합니다. 검색된 구글 런처를 클릭합니다.

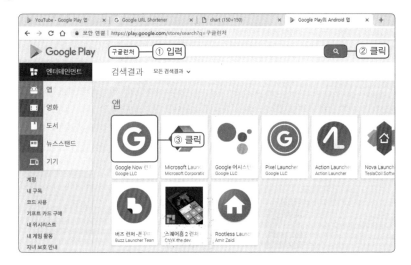

③ 구글 런처를 설치합니다. 로컬 컴퓨터에 앱을 설치할 경우 스마트폰이나 태블릿 PC를 일일이 찾아서 설치할 필요 없이 해당 기기를 선택하여 바로 설치할 수 있습니다. 설치 후 해당 앱을 기본 런처로 사용할 것인가를 묻는 질문이 나오면 [예]를 선택하고 바로 사용합니다.

설치가 완료되면 다음 페이지 [Note]를 참고하여 필요한 앱을 설치합니다. 안드로이드 폰의 경우 QR 코드를 통해 앱을 쉽게 설치할 수 있으며, QR 코드로 앱을 설치하기 전에 먼저 스마트폰 안에 QR 코드 앱이 설치되어 있어야 합니다.

Note 목표 관리와 시간 관리 앱

① 목표 관리 앱

구글에서 제공하는 구글 문서를 통해 목표와 꿈을 정리하고 특정인과 공유하여 목표를 관리할 수 있으며, 정리된 목록을 구글 태스크나 구글 킵에 넣어서 협업할 수도 있습니다. 지금 당장 무엇을 해야 할지 모르겠다면 구글 문서를 열어 자신만의 버킷 리스트를 만들어 보며 좀 더 쉽게 자신의 목표를 설정하고 연간 계획을 세워 나갈 수 있습니다. 그리고 목표와 계획, 버킷 리스트를 만들었다면 우선 순위를 정한 다음 언제 시작할 것인지, 언제 마감할 것인지를 정해 놓습니다.

39쪽에서 제시하는 '스프레드시트로 시간 관리하기(https://goo.gl/hQcdTT)'에 접속하여 자신만의 시간 관리를 확인하고 목표와 일정을 작성하면 됩니다.

목표 관리 앱 사용법은 Part 3에서 다루고 있습니다. ▶97쪽 참고

Google 문서			짧은 주소 : https://goo.gl/7tMvHH

원본 주소 : https://play.google.com/store/apps/details?id=com.google.android.apps.docs.edi-tors.docs

② 일정 관리 앱

구글 캘린더를 통해 월간 계획, 주간 계획, 일정 계획을 등록합니다. 개인 일정과 업무 일정, 목표 일정을 구분해 등록하고 업무에 필요한 일정을 공유합니다.

일정 관리 앱 사용법은 Part 3에서 다루고 있습니다. ▶104쪽 참고

Google 캘린더			짧은 주소 : https://goo.gl/CviCXQ

원본 주소 : https://play.google.com/store/apps/details?id=com.google.android.calendar

③ 할 일 관리 앱

구글 태스크나 구글 킵으로 매일 해야 할 일들을 긴급성과 중요도에 따라 분류하고 메모한 다음, 할 일을 목록화하여 관리할 수 있습니다. 필자의 경우 개인적인 할 일은 태스크를 통해 관리하고 킵은 공유 업무 처리를 할 때 활용하고 있습니다.

할 일 관리 앱 사용법은 Part 3에서 다루고 있습니다. ▶119쪽 참고

Google Tasks			짧은 주소 : https://goo.gl/zkEuom

원본 주소 : https://play.google.com/store/apps/details?id=com.google.android.apps.tasks

Google Keep			짧은 주소 : https://goo.gl/9nUkG4

원본 주소 : https://play.google.com/store/apps/details?id=com.google.android.keep

④ 인맥 관리 앱

구글 주소록을 통해 인맥을 관리합니다. 스마트폰 제조사에서 제공하는 주소록은 단말기를 바꾸거나 분실할 경우 다시 등록해야 하는 불편함이 있기 때문에 통신사와 관계없이 사용할 수 있는 구글 주소록을 이용하여 인맥을 관리하면 좋습니다. 인맥을 관리할 때 이름과 이메일, 주소와 전화번호를 기본적으로 등록하고 메모란에 인맥의 주요 인적사항을 메모합니다.

인맥 관리 앱 사용법은 Part 3에서 다루고 있습니다. ▶161쪽 참고

애플 아이폰의 경우에는 기본적으로 제공되는 주소록(연락처) 앱을 통해 작성하고 구글과 동기화하면 동일한 작업을 할 수 있습니다.

주소록			짧은 주소 : https://goo.gl/KptK5b

원본 주소 : https://play.google.com/store/apps/details?id=com.google.android.contacts

⑤ 문서 관리 앱

문서 관리에서 가장 중요한 것은 원 플랫폼, 원 드라이브, 원 도큐먼트입니다. 문서 작성과 관리를 위해 워드 작업은 구글 문서로, 엑셀 작업은 구글 스프레드시트로 하고, PPT 작업은 구글 프레젠테이션으로 합니다. 구글에서 제공하는 프로그램으로 작성할 경우 용량에 제한 없이 문서를 만들 수 있고, 다른 사람과 협업을 통해 작업을 할 수 있기 때문에 시간 단축과 효율성, 생산성 제고 측면에서 유용합니다. 이 외에도 사진을 관리하기 위해 구글 포토를 이용하고 동영상을 관리하기 위해 유튜브를 활용합니다.

문서 관리 앱 사용법은 Part 3에서 다루고 있습니다. ▶147쪽 참고

Google 드라이브			짧은 주소 : https://goo.gl/RHV3xC

원본 주소 : https://play.google.com/store/apps/details?id=com.google.android.apps.docs

Google 스프레드시트			짧은 주소 : https://goo.gl/7tMvHH

원본 주소 : https://play.google.com/store/apps/details?id=com.google.android.apps.docs.edi-tors.sheets

구글 프레젠테이션			짧은 주소 : https://goo.gl/1N56hV

원본 주소 : https://play.google.com/store/apps/details?id=com.google.android.apps.docs.edi-tors.slides

구글 포토			짧은 주소 : https://goo.gl/Wb4Ysg

원본 주소 : https://play.google.com/store/apps/details?id=com.google.android.apps.photos

유튜브			짧은 주소 : https://goo.gl/e2747r

원본 주소 : https://play.google.com/store/apps/details?id=com.google.android.youtube

◢생각하기

1 나의 꿈과 목표는 무엇인가요? (3가지)

2 왜 꿈과 목표를 이루고자 하나요?

3 꿈을 이루지 않으면 안 되는 나만의 이유는 무엇인가요? (3가지)

4 하나의 목표(꿈)에만 집중하고 명확한 대상과 기한을 설정했나요?

5 꿈을 이루기 위해 해야 할 일과 하지 말아야 할 일은? (3가지씩)

6 목표를 이루기 위해 어떤 계획을 세웠나요?

7 목표를 이루기 위해 실천 가능한 단위로 나누고 목록화했나요?

8 목록화한 목표의 일정을 연간 계획, 월간 계획 속에 넣어 놓았나요? 만약 매일 실천해야 하는 목표라면 할 일 리스트에 넣어서 관리하고 있나요?

9 자신의 목표를 성취하기 위해 자신과의 약속을 만들고 자신만의 서약서를 만들어 본 적이 있나요?
(서약서를 만들고 가까운 지인이나 가족들에게 선포한 다음 목표나 꿈을 이룰 수 있도록 도움을 구하기 바랍니다. 자신의 목표를 공유하면 스스로 지키고자 하는 책임감이 생깁니다.)

10 목표를 실현하기 위한 일을 일정과 할 일 목록에 넣어서 매일 실천하고 있나요?
(매일 실천하고 있다면 분기별이나 월별로 자기 자신을 칭찬하고 선물을 준비해 보세요.)

알고 갑시다 | 학생들의 시간 관리

수능에서 높은 점수를 받거나 학교에서 상위권에 있는 학생들은 일반 학생과 다른 시간 관리 시스템을 가지고 있으며, 이들의 시간 관리는 학습 코칭으로 인해 어릴 적부터 훈련되었거나 개인의 성향에 의한 것으로 볼 수 있습니다.

1 목표가 무엇인지 정확하게 알아야 합니다.

자신의 꿈이 무엇인지, 지금 자신이 하고 싶은 일이 무엇이고 무엇을 해야 하는지에 대해 정확히 알아야 합니다. 목표가 분명하면 목표와 일치하는 일에 집중하고 이를 위해 행동할 수 있습니다. SKY 대학 입학이라는 목표를 가지고 있다면 내신 성적과 수능 시험에서 어느 정도의 점수가 나와야 하는지 정확히 알고 이를 위해 결심하고 노력합니다. 이런 노력은 목표를 실현하게 하는 원동력이 되고 매 시간마다 책임감을 다해 노력할 수 있게 합니다. 자신이 노력해야 하는 분명한 이유가 있다면 적극적으로 노력하게 됩니다.

21쪽 '시간 관리 전에 할 일'을 참고하여 시간 관리의 필요성을 인식하고 목표를 세웁니다.

2 선택한 것에 집중합니다.

자신의 목표와 꿈이 아닌 것은 관심을 최대한 끊어 버리려고 노력합니다. 불필요하게 시간을 낭비하는 것은 피하거나 거절할 줄 알아야 합니다. 자신의 꿈과 목표를 이루는 데 방해되는 스마트폰을 내려 놓거나 2G 폰으로 바꾸는 학생들이 이런 부류의 학생들입니다.

3 학업 관련 수첩을 사용합니다.

학업에 필요한 수첩을 작성하고 늘 가지고 다닙니다. 스마트폰이나 컴퓨터에 있는 스케줄 관리 앱을 통해 일정을 정리하고 관리하는 방법이 있지만 학습 방해 요소가 될 수 있으므로 가능한 전통적으로 사용하는 학업 수첩을 가지고 다니는 것이 좋습니다.

학업 수첩은 과제 내용, 과제 마감일, 프로젝트, 시험 범위, 시험일 등을 작성해서 학습 계획을 관리하는 도구입니다. 체계적인 학습을 위해 월간 일정, 주간 일정, 일일 일정을 세우고 관리합니다.

4 우선순위를 정해야 합니다.

학업 수첩을 작성할 때 중요한 것은 우선순위를 결정하는 것입니다. 무엇을 가장 먼저 해야 하고 어떤 것을 포기해야 하는지 학생 스스로가 우선순위를 매김으로서 일정별 중요도를 파악할 수 있습니다. 우선순위를 정한 후에는 언제까지 일을 마감할지를 정합니다.

5 해야 할 일을 실천 가능한 단위로 쪼개서 실천합니다.

매주 무엇을 해야 할지에 대해 정합니다. 무슨 과목을 어느 정도까지 보고 어떤 과목의 과제는 언제까지 제출할지, 해야 할 일을 관리합니다. 앞서 정한 우선순위를 중심으로 그 주에 해야 할 일들을 작성합니다. 너무 많이 적어서는 안 되며 자신의 꿈과 목표에 해당하는 것을 중심으로 작성합니다.

6 무의미한 시간을 유의미한 시간으로 바꿉니다.

대부분의 사람들은 등하교 시간이나 쉬는 시간, 갑자기 발생한 자율 학습 시간을 카톡이나 웹툰을 보면서 허비하고 있는 경우가 많습니다. 이런 무의미한 시간들을 유의미한 시간으로 바꾸어야 합니다. 자투리 시간 역시 다음 스케줄을 위한 시간으로 바꾸지 않으면 자투리 시간을 허비할 수 밖에 없습니다. 그렇기 때문에 쉬는 시간이나 자투리 시간에는 뇌가 쉴 수 있도록 휴식을 취해 재충전을 하거나 못한 과제를 합니다.

시간 도둑

TIME MANAGEMENT

ALERTS

Chapter 1 이메일

Chapter 2 일정

Chapter 3 회의

Chapter 4 문서 작업

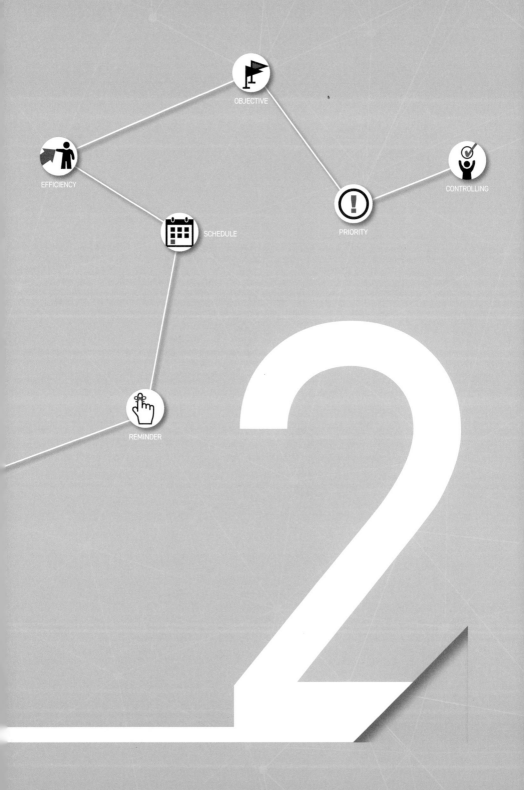

오늘의 식사는 내일로 미루지 않으면서
오늘 할 일은 내일로 미루는 사람이 많다.
_____ 카를 힐티

삶을 사랑하는가?
그렇다면 시간을 낭비하지 말라.
인생은 시간으로 이뤄지기 때문이다.
_____ 벤자민 프랭클린

늦게 일어나는 사람은
종일 급하게 보낸다.
_____ 토머스 풀러

그냥 바쁜 것으로는 부족하다.
개미들도 바쁘다.
문제는 어떤 일로 바쁘냐다.
_____ 헨리 데이비드 소로

돈은 벌 수도 있고 잃을 수도 있다.
그러나 시간은 잃을 수밖에 없으니 세심하게 써야 한다.
_____ 미상

아예 하지 말아야 할 일을
효율적으로 하는 것만큼 쓸데없는 일은 없다.
_____ 피터 드러커

오늘을 붙들어라. 되도록 내일에 의지하지 말라.
그 날 그 날이 1년 중에 최선의 날이다.
_____ 에머슨

이메일

비즈니스는 메일에서 시작해서 메일로 끝난다고 할 정도로, 메일은 직장인에게 없어서는 안 되는 도구이지만 메일만큼 시간 도둑도 없을 것입니다. 많은 사람들이 메일을 확인하고 답신을 보내는 데 많은 시간과 에너지를 소비하지만 정작 중요한 일은 제대로 처리하지 못하는 경우를 쉽게 볼 수 있습니다.

과거에는 컴퓨터 앞에 앉아서 메일이 오기만을 기다렸지만 지금은 메일이 도착하면 스마트폰이 바로 알려 줍니다. 간단한 메일은 스마트폰으로 바로 답장할 수 있지만 복잡한 서류나 관련 문서를 첨부해야 할 경우에는 컴퓨터에서 작업하고 답장을 보내야 할 경우가 여전히 많습니다.

캘리포니아 대학교 어바인 캠퍼스가 미국 육군과 함께 한 연구 결과에 따르면 하루 근무 시간에서 이메일을 확인하는 시간은 근무 시간의 30%를 차지하는 데 비해 실제 생산적인 일로 이어지지 않으며, 메일을 주기적으로 확인하지 않는 사람이 스트레스를 덜 받고, 생산적으로 일할 수 있다고 합니다. 분명한 것은 메일은 생산성을 높이기 위한 도구이지만 지나치게 메일에 메여 버리는 순간 생산성 저하를 가져온다는 것입니다. 메일에 신경을 쓰다가 결과적으로 일의 생산성이 떨어지고 정신적인 균형이 무너지는 증상을 이메일 증후군이라고 합니다.

시간 도둑인 이메일 증후군에서 벗어나려면 수시로 메일을 확인하는 습관을 버리고, 메일 작성 스킬을 익혀야 합니다. 필자의 경우 메일이 도착하면 제목만 먼저 확인합니다. 그리고 **이메일을 작성할 때는 제목에 반드시 핵심 키워드를 포함**해 작성하여 수신자와 발신자 모두가 제목만으로도 내용을 파악할 수 있게 합니다.

제목에 핵심 키워드 넣기

메일을 보낼 때 제목에 본문 핵심 키워드를 넣어서 보내면 제목만 보더라도 메일 내용이 무엇인지를 파악할 수 있습니다. 제목에 메일을 보내는 사람의 소속과 용건을 적어서 수신자가 한눈에 내용을 파악할 수 있도록 하는 것이 핵심입니다.

예를 들어 '[시간 관리법 원고] Part 01 시간 관리(이동현)입니다.' 형태로 적으면 어떤 내용이며, 누가 작성했는지를 쉽게 파악할 수 있습니다. 만약 긴급하게 처리해야 하거나 중요한 메일이라면 제목 앞에 [필독], [긴급] 등의 단어를 입력하면 수신자가 메일에 더 신경을 써서 확인할 수 있습니다.

육하원칙에 따라 작성하기

이메일은 결론부터 간결하게 작성하는 습관을 가져야 합니다. 비즈니스 이메일을 작성할 때 사설이 긴 서론이나 핵심을 혼동시키는 쓸데없는 문장은 제외해야 합니다.

이메일을 작성하고 난 다음, 반드시 보내기 전에 본문 내용을 읽어 보고 불필요한 내용이나 미사어구를 삭제해서 보냅니다. 이렇게 하면 이메일 하나를 보내는 데 사용하는 시간을 줄일 수 있습니다.

이메일을 보낼 경우 **육하원칙에 따라 문장을 작성하는 습관**을 길러야 합니다. 우선 왜(Why) 이메일 보냈는지를 알립니다. 사전에 어떤 이메일을 보내겠다고 약속했다면 제외해도 됩니다.

그리고 나서 무엇을(What) 이야기할지를 명확하게 제시해야 합니다. 서론만 길고 핵심을 이야기하지 않으면 수신자들은 혼동에 빠지게 됩니다.

그리고 언제(When)까지 누구에게(Who) 답신을 할 것인지를 정확하게 표시해 두는 것도 좋습니다. 만약 견적서나 제안서라면 제안 금액(How Much)을 포함해야 합니다. 기획서일 경우 어떻게(How) 진행될지도 담습니다.

여기서 중요한 것은 **육하원칙에 따라 작성하되, 중요한 내용은 가장 먼저 축약해서 작성하고 나머지 내용을 풀어서 작성한다**는 사실입니다. 쓸데없는 내용이나 미사여구로 핵심을 놓치게 해서는 안 됩니다. 만약 본문이 길 경우 **중요한 부분은 강조체로 표시**해서 수신자가 무엇이 중요한지 파악할 수 있게 합니다.

간혹 본문을 시작할 때 안부 인사를 어떻게 할지 고민되어 메일 작성 전부터 애를 먹는 경우가 있습니다. 이런 경우 간단하게 인사를 하거나 상황에 맞게 인사를 나누는 형태로 하되 30자 내외로 작성합니다.

이메일을 작성할 때 처음부터 막히면 이메일을 작성하고 보내는 데 많은 시간을 잃어버리게 됩니다. 예를 들면 '안녕하세요. 구글완전정복의 저자인 이동현 원장입니다.' 정도로 자기소개와 함께 인사를 하는 것이 좋습니다.

마지막으로 **오탈자를 정확하게 확인**합니다. 구어체로 편지를 쓰다 보면 표준어가 아닌 내용이나 오탈자가 나오게 되는데 이는 발신자에 대한 신뢰성과 관련되기 때문에 오탈자를 반드시 확인해야 합니다. 만약 해당 메일이 사업과 관련된 메일이라면 계약 성사 여부에도 영향을 미칠 수 있습니다.

주요 내용은 본문에, 필요할 때 파일 첨부하기

이메일을 작성할 때 주요 **핵심 내용은 본문에 반드시 포함해서 작성**하고 답장을 받아야 할 경우라면 작성할 때 피드백이 필요하다는 사실을 명확하게 표시합니다. 본문 내용 작성이 완료되면 필요한 파일을 첨부합니다.

주의할 것은 수신자가 첨부 파일을 읽지 못하거나 볼 수 없는 상황이 생길 것을 고려하여 중요한 내용은 반드시 본문 내용에 작성해 두는 것입니다.

간혹 이메일만으로 부족하다고 여겨질 경우, 이메일 본문 아랫부분에 언제 상대방과 통화할 수 있는지를 요청하고 답신 확인 후 전화를 걸어 이메일에 대한 설명을 하는 것이 좋습니다. 만약 정말 중요한 이메일이라면 상대방이 이메일을 수신하였는지를 체크하고 반드시 전화를 걸어서 확인합니다.

지메일은 다음이나 네이버 메일과 달리 기본적으로 수신 확인 기능을 제공하지 않고 있는데 메일 수신 여부를 확인하는 서드 파트 서비스를 이용하면 수신 여부를 확인할 수 있습니다.

> **[TIP]** Streak CRM(https://www.streak.com)은 지메일에서 메일을 추적할 수 있는 서드 파트 서비스입니다. Streak CRM을 설치하고 메일을 발송하면 메일을 수신하지 않았을 경우 눈 모양 아이콘이 회색으로 나타나고, 메일 수신을 하면 색이

초록색으로 변경됩니다. 국내 이메일 수신 프로그램과 다르게 몇 회 이메일을 열어 보았는지 횟수와 시간, 위치까지 제공합니다. 단 크롬에서만 메일을 발송해야 하고 모바일 앱이나 타 메일 클라이언트 프로그램으로는 수신 확인을 할 수 없다는 단점이 있습니다.

받는 사람과 참조 이해하기

이메일을 작성하다 보면 윗부분에 받는 사람, 참조, 숨은 참조라는 기능을 보게 됩니다. 받는 사람은 이메일 용건과 직접적인 연관이 있는 사람이며 이메일에 대해 직접적인 답장을 주고받는 사람에 해당하고, 참조는 이메일 용건과 간접적인 관련이 있는 사람으로 내용을 파악해야 할 정도이지만 답신 의무가 없다고 보면 됩니다. 업무와 관련된 사람이라면 참조에 이메일 주소를 넣어서 참조하도록 합니다.

숨은 참조는 이메일을 보낼 때 수신자들끼리 서로를 확인할 수 없게 하고 싶을 때 사용합니다.

서명 넣기

이메일을 작성하고 보내면 메일 아랫부분에 나오는 것이 보내는 사람의 서명입니다. 서명은 명함과 같이 이름, 소속, 직위, 연락처, 홈페이지 등을 포함합니다. 텍스트 형식으로 작성하기도 하고 이미지 형태로 작성하기도 합니다. 스마트폰으로 이메일을 보낸 경우 컴퓨터와 달리 서명이 포함되지 않기 때문에 스마트폰 이메일 클라이언트에서 별도로 설정해야 합니다.

> **Note 목적에 따라 전화, 이메일, 채팅(구글 행아웃, 카카오톡)하기**
>
> 전화로 할 수 있는 일을 이메일로 하면 근거가 남을 수 있다는 장점이 있지만 메일을 작성하고 보내는 일련의 과정이 전화로 확인하는 것에 비해 더 많은 에너지가 들어갑니다. 이메일로 할 수밖에 없는 일을 제외하고는 전화로 확인하는 것도 좋은 방법입니다.
>
> 만약 근거를 남기면서 일을 빠르게 처리하고 싶다면 소통에 오해나 문제가 발생하지 않는 범위 안에서 구글 행아웃(구글 통신 플랫폼)이나 카카오톡을 통해 정보를 전달할 수 있습니다. 구글 행아웃을 통해 소통할 경우 지메일 채팅 편지함에 대화 내용이 남게 되어 필요할 때 관련 내용을 확인할 수 있습니다. 그러나 카카오톡을 통해 소통할 경우 시간이 지나면 관련 내용을 확인할 수 없기 때문에 주의해야 합니다.
>
> 전화는 상대방과 직접 소통하기 때문에 빠른 결정력을 가지는 데 비해 증거를 남겨야 하는 경우 음성 녹음 외에 근거를 남길 수 없습니다. 이메일은 답변을 받을 때 정확하게 응답을 받을 수 있으며 관련 서류나 자료를 함께 공유할 수 있어 편리합니다. 채팅은 간단하게 관련 내용을 공유하고 나누거나 약속을 잡을 때 유용하게 활용할 수 있습니다. 전화에 비해 즉시성은 떨어지지만 이메일에 비해 반응을 빠르게 받을 수 있고 사용 이력을 남길 수 있는 장점이 있습니다.
>
> 이메일은 회사에서 가장 많이 활용되는 의사소통 도구로, 이메일만 잘 작성하고 관리하면 고객 관리와 인맥 관리에서 유리한 입장에 서게 됩니다.

받은 편지함에 이메일이 매일 수십 통 쌓이다 보면 며칠만 안 보면 메일함을 열어 보기가 두렵습니다. 특히 불필요한 스팸 메일을 일일이 삭제하는 데도 시간이 많이 소요됩니다. 이런 시간을 줄이기 위해 불필요한 이메일은 스팸으로 등록합니다.

스마트폰으로 스팸을 등록하면 이메일 주소만 관리할 수 있지만 컴퓨터로 할 경우에는 광고라는 메시지가 나오는 모든 메일이나 해당 도메인에서 오는 메일까지 스팸으로 등록할 수 있기 때문에 일차적으로 컴퓨터로 스팸 메일을 등록하고 추가적으로 스마트폰에서 스팸 신고를 통해 수신되는 메일들을 관리하면 좋습니다.

① 삭제하고자 하는 스팸 메일에 체크 표시하고 [스팸 신고] 아이콘(❗)을 클릭하면 해당 메일이 스팸으로 등록되면서 삭제됩니다.

② 만약 내용을 확인하고 삭제하고자 한다면 해당 메일을 클릭해서 열어 보고 내용이 스팸일 경우라면 윗부분에서 [스팸 신고] 아이콘을 클릭합니다.

③ 지속적으로 스팸 메일을 관리하기 위해 [설정] 아이콘(⚙)을 클릭하고 [설정]을 실행합니다.

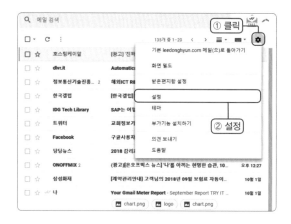

④ [필터 및 차단된 주소]에서 이메일을 스팸 아닌 메일로 등록하거나 스팸 메일을 차단된 주소록으로 등록할 수 있습니다. 사전에 스팸으로 등록하고자 하는 이메일 주소와 보내는 사람의 이름을 복사합니다. 아랫부분에서 [새 필터 만들기]를 클릭합니다.

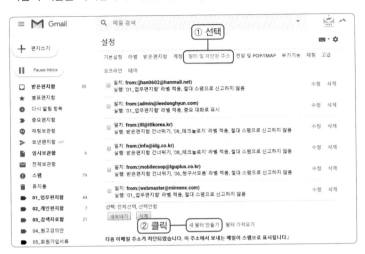

⑤ 창이 표시되면 스팸 메일을 보낸 사람 이름과 이메일 주소를 해당 칸에 넣고 아랫부분에는 '광고'라는 단어를 넣어서 필터를 만들 수 있습니다. [검색] 버튼을 클릭하면 해당 이름으로 온 이메일이 있다면 표시해 줍니다. [필터 만들기] 버튼을 클릭하여 해당 이메일에서 오는 메일을 스팸으로 등록합니다.

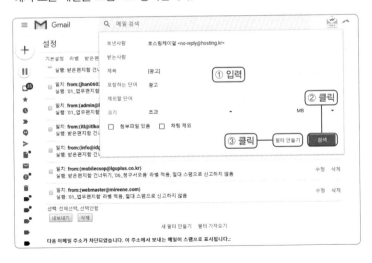

지메일에서는 수신되는 메일은 기본적으로 받은 편지함에 들어갑니다. 그러나 사전에 등록된 메일 주소에서 온 메일은 필터 기능을 통해 해당 편지함으로 자동으로 이동되기 때문에 받은 편지함에서 해당 이메일을 확인할 수 없습니다.

필자의 경우 개인 편지함, 업무 편지함, 장기 보관 편지함, 스팸 편지함 등으로 분류해 놓았습니다. 그래서 가족이나 개인적으로 등록된 사람들에게서 오는 이메일은 개인 편지함에, 지속적으로 업무로 관리하는 이메일은 업무 편지함에 저장됩니다. 그리고 홍보 및 광고와 관련된 이메일은 스팸 편지함으로 이동하도록 해 놓았기 때문에 메일을 확인하는 데 시간을 별도로 투자하지 않아도 됩니다.

⑥ 스팸 메일이 더 이상 받은 편지함에 들어가지 않도록 하기 위해 [받은 편지함 건너뛰기]와 [다음 라벨 적용]에 체크 표시한 다음 [정크 메일]을 선택합니다. 스팸 메일 편지함으로 들어간 메일은 일정 기간 후에 자동으로 삭제됩니다. 스팸 메일 중 중요한 메일이 들어갈 수 있기 때문에 삭제 메뉴는 선택하지 않았습니다. 필터 작업이 완료되었다면 아랫부분에서 [필터 만들기] 버튼을 클릭합니다.

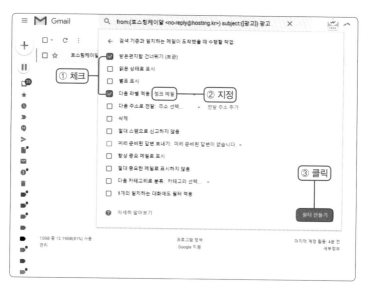

⑦ '필터를 만들었습니다'라는 메시지가 나오고 사라지면 필터에 자동으로 등록된 것을 확
인할 수 있습니다.

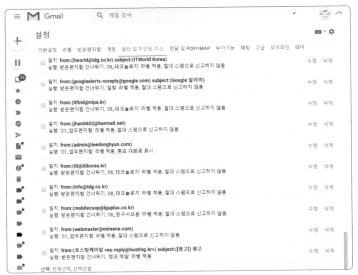

받은 편지함에는 중요한 메일이나 급하게 처리할 메일만 남기고 모두 해당 편지함으로 자동
으로 분류하면 편리합니다. 스팸 메일을 등록했듯이 필요한 메일도 해당 편지함으로 이동하
도록 할 수 있습니다.

⑧ 스마트폰에서 스팸 신고를 하면
스팸 편지함으로 이동합니다.
스팸 편지함에 있는 메일은 30
일 후 순서대로 삭제됩니다. 필
요 없는 이메일일 경우 [지금 스
팸함 비우기]를 터치하여 메일을
삭제할 수 있습니다.

기본적으로 지메일에는 받은편지함, 별표편지함, 임시보관함, 중요편지함, 채팅보관함, 스팸, 휴지통 등이 만들어져 있으며, 이 편지함은 스마트폰과 컴퓨터에서 동일하게 표시됩니다. 색상을 표시하거나 편지함을 만들 때는 컴퓨터에서 작업하는 것이 훨씬 편리하며, 스마트폰에서는 컴퓨터에서 만든 모든 기능이 나타나지는 않습니다.

① 지메일에서 [설정] 아이콘(⚙)을 클릭하고 [설정]을 실행합니다.

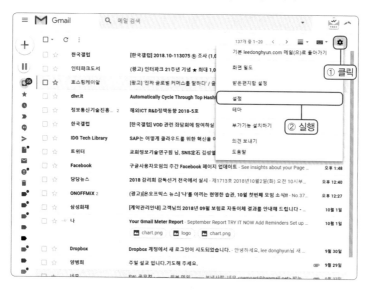

② [라벨]을 선택합니다. 받은편지함이나 별표편지함과 같은 편지함은 추가하거나 삭제할 수 없지만 아랫부분에 있는 라벨 개인 편지함은 개인 사용자가 얼마든지 만들거나 삭제할 수 있습니다. 라벨 항목에서 [새 라벨 만들기] 버튼을 클릭합니다.

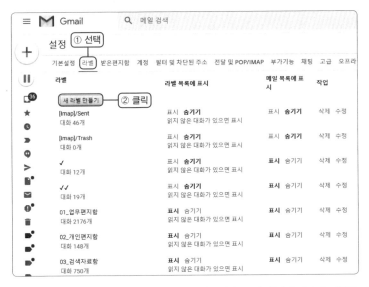

지메일 편지함은 다음이나 네이버 편지함과 다릅니다. 폴더 개념이 아니라 라벨링 개념을 이용하고 있기 때문입니다. 그래서 편지함을 라벨이라고 하며, 라벨 편지함을 만들고 메일마다 한 개 이상의 라벨을 붙여서 관리할 수 있습니다. 업무 메일이지만 장기 보관을 할 메일이라면 두 개의 라벨을 붙여서 관리할 수 있습니다.

③ 새 라벨에 등록하고자 하는 편지함 이름을 입력합니다. 필자의 경우 업무 편지함, 개인 편지함, 검색 편지함, 원고 강의안 등을 만들어서 사용하고 있습니다. 편지함을 만든 후에는 반드시 라벨 목록 표시 여부와 메일 목록 표시 여부에 체크 표시합니다. 숨기기를 하면 왼쪽 메뉴에서 보이지 않습니다.

개인 편지함들은 가나다순으로 정렬이 이루어집니다. 그렇기 때문에 자주 보는 메일은 윗부분에 표시해 두는 것이 좋습니다. '01_업무 편지함', '02_개인 편지함'과 같이 숫자를 붙여 두면 자주 사용하거나 중요한 메일은 윗부분에 올라오게 됩니다.

④ 개인 편지함에 색상을 넣어 두면 색상별로 메일을 관리할 수 있습니다. 가독성도 좋고 메일을 찾을 때 효과적입니다. 색상 변경을 원하는 라벨 편지함 오른쪽에서 원형 아이콘( )을 클릭하고 [라벨 색상] 메뉴에서 색상을 지정해 줍니다.

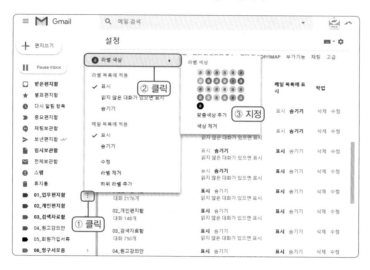

⑤ 지메일에서는 메일에 라벨을 붙이는 형식으로 메일을 관리합니다. 그렇기 때문에 관련 메일들은 해당 편지함에 가면 쉽게 찾을 수 있습니다. 물론 윗부분에 있는 메일 검색을 통해 간단하게 찾을 수 있지만 관련 라벨 개인 편지함을 통해 메일을 찾는 것이 수월할 때가 많습니다. 받은 편지함을 보면 성격에 따라 메일이 분류된 것을 확인할 수 있습니다.

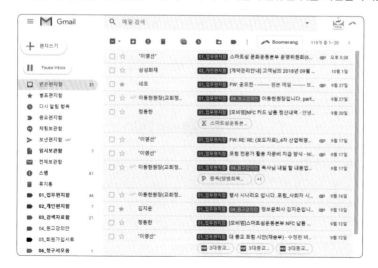

중요한 메일이나 긴급한 메일이 오는 경우 1~2분 정도 투자하여 언제 답신할 것인지만 알리고 지금 하고 있는 일을 빠르게 마친 다음 처리합니다. 메일은 급한 메일과 중요한 메일을 먼저 처리하고 개인적인 메일이나 기타 메일들을 처리해야 시간을 낭비하지 않습니다.

실습 메일에 서명 넣기

메일에 서명을 넣는 방법을 알아보겠습니다.

① 지메일에서 [설정] 아이콘(⚙)을 클릭하고 [설정]을 실행합니다.

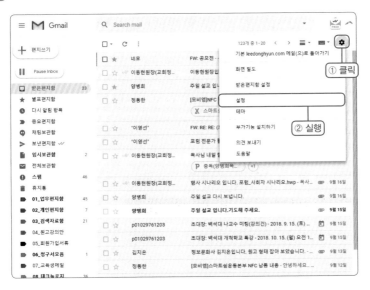

② 서명 항목을 표시합니다. 일반적으로 이름, 소속, 연락처, 팩스 번호, 주소 등을 입력하며, 필요에 따라 소셜 미디어 계정도 포함할 수 있습니다. 이메일에서의 서명은 오프라인에서의 명함같은 역할을 합니다. 서명 내용을 입력하고 반드시 아랫부분에 있는 [변경사항 저장] 버튼을 클릭하여 저장합니다. [편지쓰기] 버튼을 클릭합니다.

③ 방금 작성한 서명이 보입니다. 이메일 본문은 밑줄 위에서부터 작성하면 됩니다. 작성이 완료되면 아랫부분에 있는 [보내기] 버튼을 클릭하여 메일을 전송합니다.

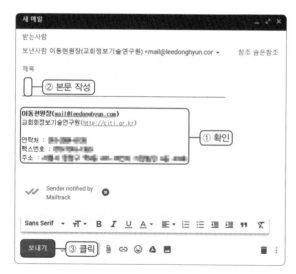

작성한 서명은 수신인의 스마트폰에서 확인할 수 있지만 작성자의 지메일 앱에서는 지원하지 않습니다.

일은 얼마나 하느냐보다 질 높은 결과물을 얻을 수 있느냐 없느냐가 중요합니다. 무조건 늦은 시간까지 야근한다고 좋아하는 관리자는 없습니다. 질 높은 결과물이란 시간에 의해 나오는 것이 아니라 실무자의 의욕과 열정, 시간 관리에서 나옵니다. 그렇기 때문에 얼마나 오랜 시간 일하느냐 보다는 제한된 시간에 얼마나 질 좋은 결과물을 내어 놓느냐가 더욱 중요합니다. 대부분 사람들이 질 좋은 결과물을 내지 못하는 이유는 일에 대한 경험이 부족하거나 작업 시간을 제대로 파악하지 못했기 때문입니다.

일정과 할 일 작성에 대한 경험

스마트폰으로 일정과 할 일을 별도로 관리해 본 경험이 없거나 부족한 경우가 많습니다. 종이와 달리 스마트폰을 켜야 하고 해당 앱을 설치한 다음 관련된 일정을 찾아보는 것이 불편해서 사용하지 않는 사용자도 있겠지만 대부분 어떻게 일정을 작성하고 할 일을 등록해야 할지 몰라서 하지 못하는 경우가 많습니다.

> **[TIP]** 효과적으로 시간을 관리하기 위해서는 IT 능력을 키워야 합니다. 생산성과 관련된 다양한 서비스들을 익혀야 하며, 컴퓨터와 스마트폰을 함께 사용하는 데 불편함이 없을 정도가 되어야 합니다.

일정과 할 일에 대한 개념

일정은 시간과 장소에 대한 정보를 기반으로 하며, 누군가와 약속을 잡기 때문에 구속력을 가지는데 비해, 할 일은 언제까지 해야 할지에만 초점이 맞추어져 있으며 스스로 해야 할 의무만 존재하기에 구속력이 없어서 습관이 되지 않으면 실천하지 못하는 경우가 많습니다.

> **[TIP]** 일정은 구글 캘린더로 관리하고 개인 일정과 업무 일정, 비전 일정을 구성하여 관리하며, 매일 해야 할 일은 구글 지태스크를 통해 관리합니다. ▶119쪽 참고

작업 시간 예상

간혹 자신의 컨디션과 작업량을 확인하지 못하고 스케줄을 잡는 경우가 있습니다. 시간을 너무 많이 잡으면 일의 리듬감이 깨지거나 시간을 조절하지 못해 일정에 차질을 빚게 됩니다. 회의나 외부 업무일 경우에는 이동 시간을 반드시 넣고 최소한 30분 정도 여유를 가지는 것이 필요합니다.

[TIP] 일을 마무리하지 못하는 경우 구글 태스크에 목록을 만들고 최우선 순위에 넣어서 관리합니다.

Note 작업 소요 시간 계산하기

소요 시간(기대되는 시간량) = 낙관적인 시간량 + (4×현실적인 시간량) + 비관적인 시간량 / 6 공식을 이용하여 작업 소요 시간을 계산합니다. 예를 들면 회의 시간이 1시간이고 이동 시간이 대략 2시간이라면 낙관적인 시간량은 3시간입니다. 현실적으로 회의가 길어지거나 식사나 일반적인 변수를 생각해서 1시간의 여유를 두어 현실적인 시간량으로 4시간을 적용하고, 이동 시간이나 갑자기 처리할 급한 일로 인한 지연 시간을 포함해 비관적인 시간량을 6시간으로 본다면 (3+4×4+6)/6=4.166……≒4시간 10분 정도 소요된다고 보면 됩니다.

해야 할 일 목록

지금 뭘 해야 할지 모르겠다면 해야 할 일을 목록으로 만들어 봅니다. 포스트잇이나 구글 킵으로 메모하고 구글 태스크에 옮길 수 있습니다. 만약 업무와 관련된 일이라면 구글 킵을 통해 해야 할 일을 다른 사람과 공유할 수도 있습니다.

일정 우선순위

일정과 할 일은 반드시 우선순위를 정한 후 결정합니다. 먼저 자신이 해야 할 일이나 스케줄을 목록화하고 일정을 구글 캘린더에 기록하거나 할 일 리스트에 추가합니다. 만약 일정이 많은 경우 반드시 우선순위에 따라 업무를 처리합니다. 일정이 중복될 경우 중요하고 긴급한 일정을 중심으로 처리합니다. 일정 중에 중요하지도 않고 긴급하지 않은 일정은 개인적인 일이 아닌 이상은 스케줄에 넣지 않아야 시간 관리가 쉽습니다.

부메랑은 일정을 잡아서 메일을 보낼 수 있는 서비스입니다. 여유 있는 시간에 메일을 작성하고 원하는 시간에 메일을 보내도록 설정하면, 메일을 보내기 위해 다시 컴퓨터에 앉지 않아도 됩니다.

① 크롬 브라우저에서 웹 스토어를 통해 크롬 확장 프로그램을 다운로드하고 설치할 수 있습니다. 검색할 때 한글로 '부메랑'이나 영문으로 'Boomerang'을 입력하고 검색하면 해당 프로그램이 표시됩니다. 오른쪽에 있는 [Chrome에 추가] 버튼을 클릭합니다.

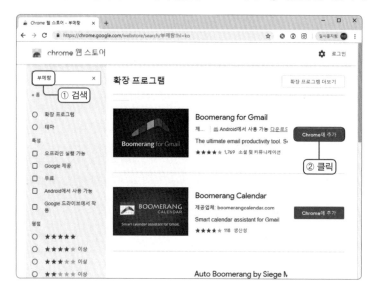

② 브라우저에 확장 프로그램 추가 여부를 묻는 창이 나오면 [확장 프로그램 추가] 버튼을 클릭합니다.

③ 설치가 완료되면 오른쪽 윗부분에 확장 프로그램이 설치되었음을 알리는 메시지가 나오며, 지메일 검색 창 옆에도 동일하게 부메랑 아이콘이 표시됩니다. 세부 사항은 이 부메랑 아이콘을 클릭하여 설정합니다.

언어 설정에 따라 영어로 표시될 수도 있습니다.

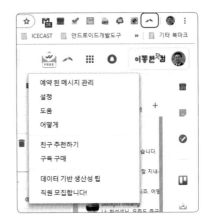

④ 주소 표시줄 오른쪽 윗부분에 있는 부메랑 아이콘을 클릭하면 메일 창이 나타납니다. 받는 사람, 제목, 본문을 입력하고 아래에 있는 [Send Later] 또는 [나중에 보내기] 버튼을 클릭하면 됩니다. 버튼 옆 체크 상자에 체크 표시하면 메일을 언제 보낼 것인지 지정할 수 있습니다.

직장 생활을 하다 보면 온종일 회의만 하다 끝나는 날이 많습니다. 일하는 시간보다 회의 자리에 앉아 있는 시간이 더 길어져 자신의 일을 하지 못해 본의 아니게 늦게 퇴근하게 됩니다. 그러나 직장에서 회의는 피할 수 없는 일과 중에 하나입니다.

수많은 회의에 참석하면서 어떤 회의는 도대체 무엇을 위해 이 회의를 하는 건지 파악이 안 되는 경우도 있습니다. 왜 그런 일이 발생할까요? 답은 간단합니다. 회의 목적과 목표를 명확하게 공유하지 않았기 때문입니다.

과제 해결을 위한 회의라면 검토할 과제를 모아서 어디까지 결론을 내야 할지를 정합니다. 그리고 어떤 업무를 누가 어떻게 맡을지에 대해서도 정확하게 배정합니다. 의미 있는 회의를 진행하고자 한다면 회의를 할 때 반드시 회의 목적과 목표를 참석자에게 알려야 합니다.

시간이 아깝지 않은 회의를 하려면

주제나 목표가 정확하지 않는 회의를 하다 보면 다른 업무를 처리해야 하기 때문에 급하게 회의를 종료해야 할 경우가 발생합니다. 그러다 보면 결론이 나지 않은 상태로 회의가 종료되어 시간을 낭비하게 됩니다. 반대로 회의에서 너무 많은 안건과 내용이 나올 경우도 있습니다. 이때는 메모만으로는 부족할 경우가 많습니다. 회의 자료나 수첩에 메모를 하게 되면 작성자 관점에서 적게 되고 이로 인해 중요한 내용을 누락하는 경우가 발생합니다. 이런 문제를 사전에 예방하기 위해서는 회의 진행자가 구글 문서를 통해 회의 내용을 작성하고, 실시간으로 공유하면서, 내용을 작성할 때 부족한 부분을 보강하거나 잘못된 부분은 수정하는 것이 좋습니다.

뜻하지 않은 상황이 생겨서 급하게 회의를 종료하게 되면 결론이 모호해지기 때문에 반드시 **회의록을 작성할 때 육하원칙에 따라** 작성하되 어떤 부분을 해결할지를 파악할 수 있게 작성합니다. 회의 진행자나 서기가 구글 문서로 회의록을 작성하면, 별도로 시간을 내지 않아도 대략적인 내용을 회의 중 실시간으로 파악할 수 있게 되며 추후에 보아도 쉽게 이해할 수 있습니다. 주의해야 할 것은 회의를 할 때 서술형으로 적지 말아야 한다는 것입니다. **가급적 짧은 문장으로 끊어 쓰고, 주어와 서술어를 알기 쉽게 연결하면서 작성합니다.** 만약 누군가가 지시어를 사용할 경우를 제외하고는 지시어는 최소한으로 표기합니다.

단문으로 간략하게 회의록을 작성하기 위해 쉼표를 사용합니다. 쉼표를 사용할 때 문장당 세 개 이하로 줄이고, 의미상 절 단위로 쉼표를 찍지만 절이 길어질 경우 실제 발언을 참고해서 적당한 곳에 쉼표를 넣어서 작성합니다. 특히 주어와 서술어를 가깝게 배치해야 하고 서술어는 단순하게 적어야 합니다.

회의록 예시

1. **회의 주제(What)** : 스마트폰 시간 활용 백서 기획 회의
2. **회의 배경(Why)** : 저자의 시간 관리의 노하우를 독자들이 쉽게 이해하고 스마트하게 시간을 관리하는 데 필요한 정보를 어떤 부분에 어떻게 구성할지에 대한 내용
3. **회의 일시(When)** : 00월 00일 오전 11시 시작하여 12시 30분에 끝나다.
4. **회의 장소(Where)** : 정보문화사 회의실
5. **참석자(Who)** : 저자, 출판사 직원
6. **회의 주제(What)** : 시간 관리 챕터 구성과 키워드
   - 저자 : 구글 중심의 시간 관리 노하우를 정리하자.
   - 출판사 : 스마트폰에서 관리할 수 있는 시간 노하우를 중심으로 하자.
   - 저자 : 직장인 중심의 시간 관리에 맞추어서 세부 내용 작성
   - 출판사 : 직장인뿐만 아니라 시간 관리에 관심 있는 일반인들도 볼 수 있도록 작성
   - 의사 결정 사항 : 스마트폰 중심으로 하되 사용자가 알아 두어야 할 앱 사용 방법을 다루고, 독자층을 넓히기 위해 책 제목은 스마트폰 시간 활용 백서로 가칭으로 정해 본다.

회의록은 대화 순서가 아니라 의제별로 작성하고 중요한 의제부터 작은 의제 순서로 나열하되 결정사항은 나올 때마다 눈에 띄게 표시합니다. 서두에는 최소한 회의명, 개최 일시, 장소, 참석자, 의제, 회의 자료, 결정 사항을 기재합니다.

회의 자료 준비로 회의 시간 줄이기

회의할 때 제공하는 기본적인 내용을 사전에 파악하고 회의 자료 준비에 부족함이 없어야 합니다. 준비한 만큼 회의가 원활하게 진행될 수 있습니다. 회의 진행 전에 회의록에 들어가는 내용을 파악해 둘 필요가 있습니다.

회의 자료는 언제(When), 어디서(Where), 누가(Who), 무엇(What)을 할지에 대해 인지한 다음 작성합니다. 회의록에 들어가는 기본적인 회의 주제, 일시, 장소, 주관, 참석자, 회의 진행 순서, 회의 내용 및 결정 사항에 대해 사전에 파악해 두어

야 합니다. 만약 그렇게 하지 않으면 회의 시간이 길어지거나 회의를 정상적으로 할 수 없는 경우가 발생할 수 있기 때문입니다.

- 회의 주제 : 회의를 진행하는 목적으로, 어떠한 안건을 가지고 회의를 진행할 것인가에 대한 내용입니다.
- 일시와 장소 : 회의가 진행되는 장소와 열리는 시간입니다.
- 주관 : 회의를 주관하는 단체입니다.
- 진행자 : 진행자를 표시할 경우 진행자의 직책과 이름을 반드시 기록합니다.
- 참석자 : 당일 회의에 참석하는 참석자들의 명단을 사전에 파악해야 다과나 회의 이후의 식사를 준비하는 데 차질이 없습니다. 마지막으로 회의 진행자는 회의 진행 순서와 회의 내용을 알리고 회의한 결과 내용을 회의가 종료되었을 때 정리해서 알려 줘야 합니다.

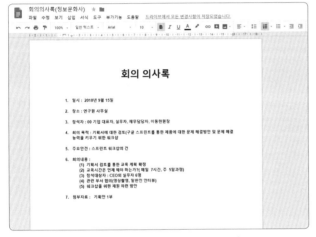

▲ 구글 문서로 작성된 회의 의사록 샘플 : https://goo.gl/jchciS

구글은 다음 여덟 가지 회의 법칙을 통해 시간이 아깝지 않게 효과적으로 회의를 진행하고 있습니다.

① 최종 의사 결정자가 참석합니다. 책임자가 참석해야 아이디어가 회의 자리에서 끝나지 않고 실무로 연결되기 때문입니다.

② 회의가 끝나면 48시간 안에 회의 내용을 공유하고 뒤이어 실행할 사항을 공지합니다.

③ 모든 회의에 명확한 목적이 있어야 하고 회의 주제에 필요한 사람들만 참석합니다.

④ 굳이 만날 필요가 없는 회의는 과감히 취소하거나 일정을 변경하는 유연성을 가집니다. 이 회의가 유용한지, 지나치게 자주 모이는 것은 아닌지, 사람들에게 필요한 정보를 전달하고 있는지 객관적으로 평가합니다.

⑤ 모든 사람이 의견을 낼 수 있도록 인원을 최대 여덟 명으로 제한합니다.

⑥ 아무리 중요해 보이는 회의라도 그 회의 안에서 자신의 역할이 없으면 참석하지 않습니다.

⑦ 제 시간에 시작해서 칼같이 끝나야 합니다. 점심 시간과 퇴근 시간을 배려합니다.

⑧ 회의에 참석했으면 스마트폰으로 이메일을 확인하거나 SNS를 보는 등 딴 짓은 하지 말아야 합니다.

출처 : http://www.andrewahn.co/silicon-valley/how-google-runs-meetings

04

문서 작업

기업에서 문서 작업은 해도 해도 끝이 없으며, 기안서, 품의서, 보고서, 기획서, 계획서, 제안서 등을 만들다 보면 하루도 부족합니다. 그러나 직장에서 성공하기 위해서는 문서에 대한 기획 능력부터 작성 능력은 기본입니다. 문서를 잘 작성하기 위해서는 무엇보다도 글로 잘 정리하는 기술이 뒤따라 와야 합니다.

그런데 문제는 문서를 작업하기 전에 발생합니다. 상사가 기안서를 작성하라고 하는데 어떻게 해야 할지 잘 모르는 경우, 무엇을 넣고 뺄지도 감이 오지 않아 시간을 낭비하는 경우가 많습니다.

직장 선배들에게 물어 보면 과거 문서들을 내 놓고 이렇게 하면 된다고만 하지 정확히 알지 못해, 하루 종일 문서를 만든 다음 결재하러 갔지만 다시 만들어 오라고만 하는 경우가 종종 있습니다. 과거의 결재 서류만 바라본다고 원리를 파악할 수 없습니다. 문서 종류에 따라 작성하는 방법을 익히고 문서 작성 도구나 프레젠테이션 도구까지 익혀야 합니다. 그렇지 않고 문서 작성 도구만 익히게 되면 결국에는 시간을 투자한 만큼 결과를 얻을 수 없게 됩니다.

문서를 작성하는 데 시간을 많이 소비하는 이유 중에 하나는 문서 성격을 파악하지 못했기 때문입니다. 다음 문서들은 문서 성격에 따라 작성해야 됩니다. 그렇지 않고 동일한 방식으로 작성하게 되면 포커스가 맞지 않아 잘못된 문서가 되기도 합니다.

- **기안서** : 문서를 만들거나 사업 계획을 세우기 위한 기초 단계로 만드는 문서
- **품의서** : 상사에게 말이나 글로 질의하거나 의논하기 위해 작성하는 문서
- **보고서** : 상사에게 어떤 일의 내용이나 결과를 보고하기 위해 작성하는 문서
- **기획서** : 어떤 목표를 이루기 위해 계획을 세우는 문서
- **계획서** : 추진해야 할 일의 절차나 방법을 계획하는 문서

문서 작업이 어려운 또 하나의 이유는 업무 노트나 수첩을 제대로 활용하지 못하고 있기 때문입니다. 업무 노트는 계획한 일에 대한 시행 여부를 반드시 체크하고 성취도를 평가하면서 기록하는데, 작성 방법을 정확히 몰라 중요한 부분을 빼 먹는 경우가 있습니다. 그리고 수첩을 들고 다니면서 모르는 용어가 나오면 메모하고 업무와 관련된 부분을 체크해야 하는데 스스로 기억할 수 있다고 믿고 하지 않는 경우가 많습니다. 특히 조직 구성원 이름과 부서, 주요 업무와 관련된 정보에 대해 수첩이나 업무 노트에 메모하지 않아 시간을 낭비하는 경우가 많습니다. 수첩을 활용하지 않는다면 스마트폰에서 구글 킵이나 지노트를 통해 메모하는 습관을 길러야 시간 낭비를 줄일 수 있습니다.

목적이 분명한 문서 만들기

토요타의 경우 1페이지 보고서를 작성해서 빠른 시간 안에 상사에게 결재를 받고 있습니다. 보고 문서가 소논문이나 레포트처럼 많은 양이라고 상사로부터 인정을 받는 것은 아닙니다. 문서는 보기 편하고 보는 이가 쉽게 이해할 수 있으면서 들어가야 할 정보들이 반드시 있어야 상사로부터 결재가 이루어집니다.

문서 작성에 있어 가장 중요한 것은 목적이 분명해야 한다는 사실입니다. 문서 작성 배경, 이유, 목적, 기대 효과, 상사 의도, 결재권자의 기호 등을 바탕으로 문서를 작성해야 작성 시간도 줄일 수 있고, 결재도 어려움 없이 이루어집니다.

문서 작성자는 문서를 작성하기 전에 문서에 필요한 자료들을 수집하고 선별 작업을 합니다. 수집한 모든 자료를 나열해서는 안 됩니다. 자료들을 목적에 맞게 선별한 다음 초안을 작성합니다. 초안이 완성되면 상사와 협의한 후 중복되거나 누락되지 않았는지 목적에 맞게 검토한 다음 문서 작업에 들어가야 합니다.

초안을 검토할 때 상사로부터 나온 조언을 참조하여 수정한 다음 보고서를 작성합니다. 주의할 것은 상사가 빠르게 문서의 핵심을 파악할 수 있도록 요점을 명확하게 하되 **상사의 눈높이와 의도를 고려하여 간결한 문장을 통해 결론을 앞에 다룬 다음 서술하는 형식을 갖추어야 한다**는 것입니다.

육하원칙에 따라 재점검하기

문서가 완성되었다면 육하원칙에 따라 문서를 체크합니다. 왜(Why) 이 문서를 작성했는지에 대해 살펴보면서 문서 작성 상황이나 배경 등을 분석한 내용과 함께 고객의 성향이나 생각, 고객 가치, 시행 이유, 시행 목적, 기대 효과 등이 문서에 담겼는지 확인합니다.

이 문서를 통해 무엇을(What) 말하고자 하는지, 작성 목적이 무엇인지, 핵심 내용과 사실 관계 등을 담아야 합니다. 그런 다음 어떻게 하면 문제를 해결할 수 있을지를 제시할 수 있어야 하며 운영 계획과 진행 방향이 포함되어야 합니다. 이를 위해 목차나 그래프 등을 담는데, 시각적인 부분에 너무 치중하면 핵심을 놓칠 수 있으니 주의합니다.

그런 후 누가(Who) 기안자이며 수신자와 주체자가 어떤 사람인지 또는 어떤 기관인지를 표기하며, 언제(When) 시행할 것인지 작성 일자와 마감 일자를 표기합니다.

어디서(Where) 시행하고 어디서 모이는지에 대한 정보도 포함되어 있는지 체크합니다.

만약 예산이나 비용(How Much)이 포함된 경우라면 반드시 시간, 인력, 물자 소요에 대한 정보까지 꼼꼼히 챙겨야 합니다.

> **[TIP]** 문서를 작성하고 상사에게 보고하기 전에 반드시 오탈자를 확인합니다. 완벽하게 작성하기 위해 노력했는데 오탈자로 인해 엉성한 문서가 될 수 있기 때문입니다. 만약 오탈자를 확인하지 않고 최고 결재권자나 외부로 문서가 가게 되면, 부서 체면과 함께 회사에 대한 신뢰에까지 영향을 미칠 수 있습니다.

문서 작성 도구와 공간을 클라우드로 전환하기

문서 작성 도구는 목적과 상황에 따라 선택합니다. 문서 작업을 위한 워드 프로세서(아래아 한글, 워드)부터 계산과 관련된 작업에 사용되는 스프레드시트(엑셀), 발표를 위해 사용되는 프레젠테이션(파워포인트)에 이르기까지 목적과 상황에 맞게 적절히 사용합니다.

기존의 문서 도구들은 실무자나 담당자가 작업한 다음 보고하면 추가 사항이나 변경 사항을 일일이 반영하여 수정 작업을 한 다음 다시금 결재를 받아야 했습니다. 그 과정에서 복제된 파일이 수십 개가 만들어지고 결재자나 참조자에 의해 추가되거나 수정된 내용이 많아지다 보면 원본 파일의 손실도 일어나기도 했으며, 복제본과 원본을 혼동하여 저장해서 문제가 일어나는 경우도 있었습니다.

만약 작성자나 참조자, 결재사가 동일한 문서 작성 도구를 사용하지 않거나 다른 버전의 문서 작성 도구로 작업을 할 경우에는 더 심각한 문제가 발생하기도 합니다. 예를 들면 문서를 작성하는 작성자는 워드로 작업하고, 수정하거나 참조할 사람은 한컴오피스만을 사용하고 있다면 문서가 제대로 호환되지 않을 뿐만 아니라 어떤 부분에서는 작성자가 작성한 대로가 아닌 다른 형태로 저장되어 문서 작업이 어려울 수 있습니다.

만약 파워포인트로 문서를 작성했는데 특정 폰트를 추가하였다면 상대방 컴퓨터에는 작성자가 의도한 모양대로의 폰트가 구현되지 않아 엉망이 되는 경우도 종종 있습니다. 이로 인해 내용이나 시간적인 측면에서 크고 작은 문제점이 발견됩니다.

이 외에도 작성한 문서를 보조 기억 장치인 외장 하드 디스크나 USB 메모리로 저장했는데 컴퓨터에 연결할 때 인식 불량 현상이 일어나 고생은 고생대로 하고 문제를 해결하지 못해 발을 동동 구르기도 합니다.

외장 디스크나 메모리를 통해 작업할 경우 바이러스에 노출되어 회사나 개인 노트북에 문제가 발생할 때도 있기에 USB와 클라우드 저장 공간을 동시에 활용하여 저장하는 것도 좋은 방법입니다. 클라우드 기반 문서 작성 도구를 이용하여 문서를 작성하면 자동으로 파일이 저장되기 때문에 저장에 대해 스트레스를 받지 않아도 됩니다. 기업에서는 프로그램 설치 없이 언제 어디서나 작업이 가능한 클라우드 기반의 오피스를 검토한 다음 도입할 필요가 있습니다.

01 클라우드 기반 문서 도구

클라우드 문서 도구를 이용하면 사무실에서 해야 했던 일을 카페, 자동차 안에서도 어렵지 않게 할 수 있습니다. 이로 인해 많은 기업들이 스마트 오피스를 구현하고 있습니다.

클라우드 기반의 문서 도구를 활용하면 출장이나 외근을 할 때 갑자기 문서를 작업하기 위해 다시 사무실로 복귀하지 않고 이동 시간을 활용해 바로 문서를 작성할 수 있어서 시간 관리에도 좋습니다.

클라우드 기반의 웹 오피스로는 구글의 G Suite(https://gsuite.google.com/intl/en_sg)와 마이크로소프트의 오피스 365(https://www.office.com), 한글과 컴퓨터의 넷피스24, 인프라웨어의 폴라리스 오피스 등이 있습니다.

시장 조사기관 가드너에 따르면 다가오는 2022년까지 클라우드 기반 웹 오피스가 전체 오피스 시장의 60% 이상을 차지할 것으로 전망하고 있습니다. 이렇게 전망하는 이유 중에 하나가 바로 공동 작업인 협업이 가능하기 때문입니다. 실시간으로 최신 문서를 팀원들이 같이 보면서 작성할 수 있고, 기존의 오프라인 오피스처럼 별도로 저장하지 않아도 저장이 이루어지기 때문에 문서 작업 효율성이 뛰어납니다.

대기업이나 중소기업의 경우 본인 의지와 관계없이 기업 안에서 사용하는 프로그램을 사용하고 있을 것입니다. 그렇다고 포기해서는 안 됩니다. 클라우드 기반 웹 오피스를 통해 기업 문화를 바꾸고자 한다면 도입에 대한 결정권을 가지고 있는 의사 결정권자들을 설득해 나가면서 도입을 시도합니다. 만약 1인 기업이나 소규모 기업이라면 구글의 G Suite나 지메일만으로도 구글 드라이브를 사용할 수 있습니다.

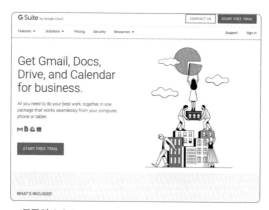

▲ 구글의 G Suite

▲ 마이크로소프트 오피스365

02 클라우드 기반 스토리 공간

외장 하드 디스크, USB 메모리에 자료를 저장하는 시대에서 클라우드에 저장하는 시대로 전환되었습니다. 앞서 설명한 클라우드 기반 오피스에서 작업한 결과를 구글 드라이브나 원 드라이브에 저장할 수 있으며 이 외에도 자료를 보관하기 위해 사용하는 클라우드는 생각보다 많습니다. 구글, 애플, 박스, 드롭박스에서는 기본적으로 무료 스토리지를 제공하고 있으며, 추가 공간이 필요할 경우 유료로 전환하여 사용할 수 있습니다.

구글 드라이브(https://www.google.com/drive)는 구글을 사용하는 사용자들에게 15기가의 용량을 무료로 제공하고 있으며, 요금을 지불하고 필요한 용량을 추가해서 사용할 수 있습니다. 구글에서 제공하는 유료 요금제는 100기가부터이며 월 2달러 미만에서부터 용량에 따라 요금을 과금합니다. 구글 드라이브는 15기가를 제공하는데 만약 지메일이 용량을 많이 차지하는 경우 제공 공간 역시 상대적으로 적어지지만 메일 공간을 많이 사용하지 않는 개인 유저일 경우에는 추천할 만합니다. 여기서 주목해야 할 부분은 바로 구글 문서, 구글 스프레드시트, 구글 프레젠테이션에서 만든 문서 파일 용량은 무료 용량 차감에서 제외되고, 사진도 원본이 아닌 고화질로 업로드할 경우 무료 용량 차감에서 제외되기 때문에 용량 문제는 신경 쓰지 않아도 된다는 것입니다.

애플 아이클라우드 드라이브(https://www.apple.com/icloud)는 무료로 5기가 스토리지를 제공하고 있으며, 용량 확장을 원하는 사용자들에게는 월 단위로 유료 서비스를 제공하고 있습니다. 초기에는 애플 사용자들을 위한 서비스였지만 지금은 윈도우용 아이클라우드 앱도 제공하고 있고, 안드로이드 사용자들을 위한 서드 파티 앱을 제공하고 있어 이 앱을 사용할 경우, 아이클라우드 스토리지도 사용할 수 있습니다.

마이크로소프트의 원 드라이브는 5기가 스토리지를 무료로 제공하고 있으며, 워드, 엑셀, 아웃룩 등 마이크로소프트 앱에 대한 접근권을 제공하는 유료 서비스도 함께 제공하고 있습니다.

박스넷에서 제공하는 박스 클라우드는 10기가의 무료 클라우드 스토리지를 제공하고 있습니다. 주의할 점은 업로드가 가능한 크기의 파일이 250메가로 제한되어 있고 용량도 요금에 따라 추가로 제공한다는 점입니다.

아마존 클라우드는 무료로 5기가의 공간을 제공하고 있으며, 소비자용 솔루션인 아마존 프라임 고객 대상으로 사진 스토리지에 한해 무제한으로 제공하고 있습니다.

[TIP] 클라우드 스토리지 서비스는 단순히 용량만 많이 준다고 사용하다 보면 다양한 클라우드 서비스에 가입해야 하고 아이디와 패스워드 등을 별도로 관리해야 합니다. 필자의 경우 개인용 구글 계정과 업무용 계정을 등록하여 클라우드 스토리지 공간을 공유해 활용하고 있습니다. 단순히 큰 공간만을 원할 경우 50기가를 제공하는 메가 클라우드(https://mega.nz)나 20기가를 제공하는 피클라우드(https://www.pcloud.com)를 추천합니다.

공유와 협업으로 생산성 높이기

클라우드 기반 문서 제작 도구의 가장 큰 장점은 공유와 협업이 가능하다는 점입니다. 기존 워드, 엑셀, 파워포인터의 경우, 작성자가 다 작성하고 이메일이나 메신저를 통해 자료를 공유합니다. 그러나 클라우드로 문서를 작업하게 될 경우 문서를 만들고 바로 공유하게 되면서 작성자나 협업자들이 문서를 작성하는 과정에서 실시간으로 변화를 확인할 수 있고, 문서 작업에 동참하는 멤버들이 관련 자료들을 추가할 수 있어 작업 시간을 줄일 수 있습니다. 이로 인해 문서를 작성하는 과정에서 결재에 이르기까지 시간적으로 빠르게 처리하게 되어 생산성을 높일 수 있게 됩니다.

구글 문서, 구글 스프레드시트, 구글 프레젠테이션을 통해 협업을 하면, 크고 작은 아이디어를 공유할 수 있으며, 작업 중에 생각나는 아이디어나 메모들을 구글 킵을 통해 공유할 수 있고 반대로 구글 킵에 메모된 내용을 구글 문서에 추가할 수 있습니다.

[TIP] 트렐로(https://trello.com)는 웹 기반 프로젝트 및 작업 관리 도구로, 구글 드라이브와 연동할 수 있는 서비스입니다. ▶126쪽 참고 트렐로를 통해 프로젝트를 하면 해야 할 일, 진행 중인 일, 완료된 일을 함께 보면서 작업을 진행할 수 있습니다. 트렐로는 웹과 앱을 통해 접근할 수 있으

며, 트렐로를 실행하고 해야 할 일을 목록으로 나열한 다음, 각 아이템에 첨부 파일이나 체크 리스트, 마감 일자, 토론 메모 등을 넣어서 작업할 수 있습니다.

1 나의 한 시간과 나의 하루는 얼마의 가치가 있나요?

2 얼마의 시간 자산을 가지고 있으며, 보이는 현금처럼 시간을 사용하고 있나요?

3 24시간 중 지나치게 많이 사용하는 부분은 어떤 부분이며, 어떻게 하면 그 시간을 줄이거나 없앨 수 있나요?

4 시간 도둑을 잡기 위해 가장 먼저 해야 할 일은 무엇인가요?

대학생들의 시간 관리

대학생이 되면 수업, 동아리, 아르바이트에 대한 시간 관리를 스스로 해야 합니다. 하지만 동아리 활동을 너무 많이 하거나 아르바이트를 많이 하다 보면 이런 일정으로 인해 수업에 제대로 참여하지 못해 학업에 문제가 생길 수 있습니다. 그렇다면 어떻게 하면 대학 생활에서 시간을 효과적으로 사용하고 이를 통해 미래를 준비할 수 있을까요? 대학 생활 동안 자신의 꿈을 이룰 수 있도록 자신만의 기준을 가지고 시간을 관리해야 합니다.

1 자신의 삶의 목표와 비전을 찾아야 합니다.
대학생들은 대부분 시간 관리의 필요성을 인식하고 있지만 실질적으로 시간 관리를 하지 않고 있습니다. 중고등학교 6년 동안 대학이라는 목표를 향해 달렸다 보니 대학에 입학하고 나서는 자신의 삶의 목표가 다 이루어진 것처럼 느끼는 학생들이 있습니다. 그러나 대학 시기는 새로운 시작이고, 이 시기를 더 나은 미래를 위한 삶의 목표와 비전을 이루는 디딤돌로 활용해야 합니다. 그렇기 때문에 졸업과 취업 후 삶을 어떻게 살아갈지에 대해 구체적인 목표를 세워야 합니다.

2 시간의 우선순위를 정해야 합니다.
레포트와 동아리 중 우선순위를 어디에 둘 것인지를 정해야 합니다. 중요성과 함께 시간의 긴급도에 따라 우선순위를 정합니다. '중요하고 긴급한 것', '중요하지만 긴급하지 않은 것', '중요하진 않지만 긴급한 것', 그리고 '중요하지도 긴급하지도 않은 것'으로 나눈 다음 일의 순서와 중요도에 따라 해야 할 일을 처리해야 합니다.

3 미루는 습관을 버려야 합니다.
내일하면 되지 않을까라는 생각으로 하루 이틀 레포트를 미루다 보면 중간고사와 기말고사, 발표 시간에 제대로 레포트를 제출 못하는 경우가 발생합니다. 협업으로 작업할 경우라면 구글 클라우드를 통해 작업하고, 기본 일정은 학기를 시작할 때 등록해 놓으며, 레포트 제출일과 발표일 등을 일정에 반드시 등록해 두어야 합니다.

4 동아리와 전공 모임을 통해 자신의 비전을 구체화합니다.

동아리 활동은 과 모임 외에 새로운 친구를 사귀는 기회입니다. 자신의 꿈과 비전에 맞는 동아리 활동은 학습에도 도움이 될 수 있으며, 미래의 자신의 직업에도 많은 영향을 미치게 됩니다. 대학 전공 관련 모임을 통해 자격증 습득과 함께 관련 취업 정보를 사전에 파악하여 대학 진학 중에 취업 준비를 위한 기초를 마련해야 합니다.

5 구체적 계획과 실천으로 '시간'을 잡아야 합니다.

대학생은 자기 스스로 시간을 계획하고 관리해야 하기 때문에 시간을 잘 활용하면 자아실현과 함께 졸업 후 삶을 만들어 가는 데 문제가 되지 않습니다. 그러나 시간을 관리하지 못하거나 계획을 세웠지만 작심삼일 만에 시간 관리에 실패하다 보니 시간에 지배 당하는 경우가 있습니다.

자신의 시간을 스스로가 지배하고 관리하기 위해서는 막연한 계획이 아닌 구체적이고 실질적이면서 실천 가능하도록 시간 계획을 잡아야 합니다. 앞서 설명한 것처럼 구체적으로 목표를 이룰 수 있도록 자신의 월간 계획과 할 일 목록을 작성해야 합니다. 이를 위해 구글 캘린더와 구글 지태스크, 구글 킵을 활용하여 시간과 할 일을 관리해야 합니다.

시간 설계

TIME MANAGEMENT

Chapter 1 목표 계획과 관리 - 도큐먼트/스프레드시트

Chapter 2 일정 관리 - 캘린더

Chapter 3 할 일 관리 - 태스크/킵

Chapter 4 아이디어 관리 - 구글 킵, 에버노트, 원노트

Chapter 5 문서 관리 - 드라이브

Chapter 6 인맥 관리 - 주소록

Chapter 7 정보 관리 - 지메일

Chapter 8 발표 준비 - 구글 프레젠테이션

ALERTS

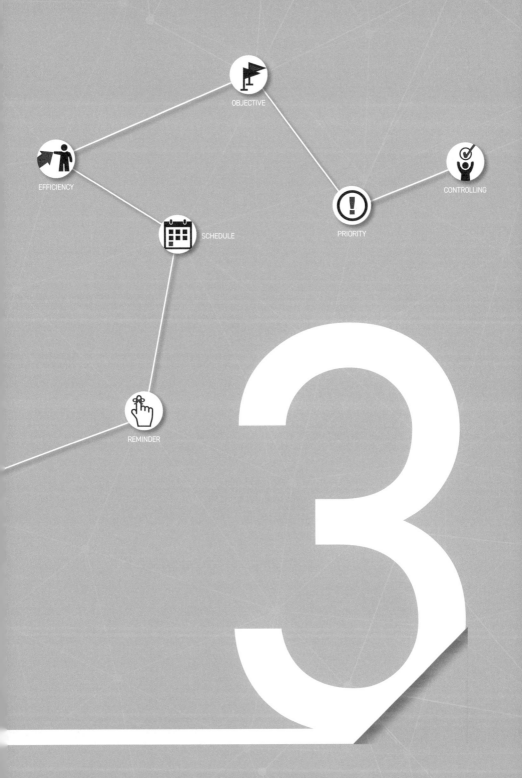

시간과 세상은 가만히 멈춰 있지 않는다.
변화는 인생의 법칙이다.
과거와 현재만 바라보는 사람은 분명 미래를 놓친다.
_____ 존 케네디

시간이 해결해 준다는 말이 있지만
실제로 일을 변화시켜야 하는 것은
시간이 아니라 바로 당신이다.
_____ 앤디 워홀

시간의 진정한 가치를 깨달으라.
매 순간을 낚아채고, 거머쥐고, 즐기라.
무료하게 보내거나, 게으름을 피우거나,
뒤로 미루지 말라.
오늘 할 수 있는 일을 절대 내일로 미루지 말라.
_____ 체스터필드

평범한 사람은 시간을 보낼 일만 생각하고
위대한 사람들은 시간을 활용할 일을 생각한다.
_____ 미상

자신의 가치를 알기 전에는 시간의 가치를 알 수 없고
시간의 가치를 알기 전에는 어떤 일도 할 수 없다.
_____ 스콧 펙

당신은 미룰 수 있지만
시간은 미루지 않는다.
_____ 벤자민 프랭클린

CHAPTER

목표 계획과 관리
– 구글 문서/스프레드시트

Part 1에서 목표를 이루기 위한 계획을 왜 세워야 하는지 다루었다면 Part 3에서는 목표에 집중하고 이를 이루기 위해 계획을 세울 수 있도록 목표를 세웁니다. 목표만 세워 놓는다고 목표를 이룰 수 없습니다. 목표를 이루기 위해서는 하나의 목표에 집중해야 합니다. 단 하나의 목표에 집중하지 않으면 원하는 목표를 달성하기 힘듭니다. 시간 관리와 목표 관리를 위해 반드시 앞서 제시한 다섯 가지 법칙을 중심으로 목표를 재점검해야 합니다. 특히 파레토의 법칙과 아이젠하워 법칙을 중심으로 목표와 계획을 점검하기 바랍니다. ▶26쪽 참고

목표를 이루기 위한 목표 계획에 따라 일정을 캘린더에 넣어야 하지만, 바로 넣게 되면 일정이 흩어져 목표 관리가 정확히 되지 못하거나 흐지부지되는 경우가 있습니다. 그렇기 때문에 스프레드시트에 목표를 정리한 다음 스케줄 관리를 통해 일정에 넣는 방법을 사용합니다.

목표 관리 스프레드시트(https://bit.ly/2Mkc24X)를 열면, 아랫부분에 목표 관리 시트가 있고 오른쪽으로 월별 목표에 대한 내용이 포함되어 있습니다. 첫 시트에 목표를 정확하게 표시해 두고 월별로 주요 내용을 입력합니다. 이렇게 입력된 내용을 기반으로 하여 스케줄을 관리하게 되면 스케줄 관리가 수월해지고 나아가 자신이 하고 있는 일과 목표 진행 상황을 빠르게 확인할 수 있습니다.

파레토식 기술로 스케줄 관리하기

파레토 법칙(80:20법칙)을 활용하여 스케줄을 관리하고 우선순위를 정하게 되면 업무 효율성을 높일 수 있습니다. ▶26쪽 참고 **파레토식 업무 기술은 중요한 일에 집중하는 방법**입니다.

필자의 경우 시간 관리를 하기 전에는 하루의 시간 중 40~50%는 긴급하지도 중요하지도 않는 일에 사용하고, 긴급하지만 중요하지 않는 일에는 30~40% 정도의 시간을 할애했습니다. 긴급한 일에 시간을 투자하여 업무를 처리하다 보니 정작 꿈과 목표를 이루는 시간을 만드는 것은 거의 불가능한 것처럼 보였습니다. 그러나 파레토 법칙을 적용한 다음부터 중요하지만 긴급하지 않는 일에도 시간을 투자하였습니다. 그 시간 투자는 바로 꿈과 비전을 이루는 데 도움이 되었습니다. 1년에 한 권의 책을 집필하자는 계획을 가지고 거의 10년 동안 매년 한 권의 책을 출판하여 지금은 열 번째 책을 집필하기 위해 펜을 들었습니다. 하루에 한 시간에서 두 시간은 자기 발전을 위해 책을 읽거나 독서를 하고 글감을 모으면서 사색을 통해 꿈과 목표를 이루어 나가고 있습니다.

중간 목표를 세우고 점검하기

스프레드시트로 목표 관리를 하는 이유 중 하나는 중간 점검을 할 때 필요하기 때문입니다. 스케줄에만 넣고 세부 점검을 하지 못할 경우 리스크(위험 요소)가 발생하는 경우가 많습니다. 그렇기 때문에 중간 목표를 세우고, 연간 계획과 연관되어 있다면 분기별로 체크합니다. 특히 프로젝트별로 목표를 진행하고 있다면 진행 단계별로 체크해 두는 것이 좋습니다. 체크할 때는 반드시 담당자, 담당자 연락처, 일정, 진행 상황 등을 꼼꼼히 살펴보아야 합니다.

일일 단위로 작업 관리하기

목표가 크면 최대한 작게 쪼개야 진행 사항과 할 일을 정확하게 체크할 수 있습니다. 필자는 모든 활동을 하루 단위로 관리하는데, 전체 스케줄에 중간 목표를 넣고 프로세스나 프로젝트별로 나눕니다. 그리고 그 과정을 하루 단위로 나누어 설정하고 최소 실행 단위를 시간으로 작게 나눕니다. 구글 캘린더로 전체 스케줄, 중간 목표, 중간 프로세스를 관리할 수 있으며 구글 태스크나 구글 킵으로 To Do 리스트를 만들어 할 일 관리를 할 수 있습니다.

여유 시간을 설정하여 리스트 해결하기

예비 시간은 작업 목표를 완료되지 못할 때를 위한 안전장치입니다. 마감 시간이 다 되었는데 일을 마감하지 못하면 심리적으로 조급하게 되고 실수를 하는 경우가 많습니다. 그렇기 때문에 여유 있게 시간을 설정해야 합니다. 일정을 잡을 때 이동 시간이 있으면 발생할 수 있는 지체 시간과 여유 시간을 일정에 포함해야 차질 없이 진행할 수 있습니다.

관계자와 스케줄 공유하기

구글 캘린더에 일정을 설정하고 일정을 공유할 사람을 초대한 다음에 일정을 공유합니다. 전체 공유를 할 때 팀이나 특정 조직에서 스케줄을 공개할 수 있는데, 업무 일정을 공개하면 리스크를 피할 수 있는 장점이 있습니다. 계획 전후에 생각하지 못한 변수를 사전에 파악할 수 있기 때문입니다. 스케줄을 공개한 다음 반드시 구글 킵을 통해 세부 일정과 할 일도 함께 공유하는 것이 좋습니다.

소요 시간 계산하기

소요 시간은 최대한 정확하게 계산하는 것이 좋습니다. 협업이나 경험이 부족한 경우 시간을 계산하기 어렵기에 주의가 필요한데 협업을 할 경우 최우선 처리가 필요한 것을 확인하고 여유 시간을 반드시 확보한 후 일을 진행해야 합니다. 시간 계획에 대한 사전 경험이 부족하거나 경험이 없다면 과거 유사 프로젝트를 참고하여 예상 시간을 파악하는 것이 중요합니다.

할 일 리스트 구체화하기

회사 업무, 개인 업무, 목표 관리를 분류하고 이에 따른 할 일을 분류한 다음 소요 시간을 명시해야 합니다. **소요 시간을 명시하지 않으면 10분 만에 마칠 수 있는 일도 몇 시간 걸릴 수 있기 때문입니다.** 예상 소요 시간은 15~90분 단위로 잡습니다. 만약 시간이 부족하다면 15분 단위로 추가하면서 시간을 관리합니다. 일반적으로 한 시간 단위로 추가하면 관리가 허술해질 수 있습니다.

체크 리스트로 실수 방지하기

할 일을 체크 리스트로 준비하면 생산성 향상에 도움이 됩니다. 만약 반복적인 일을 하는 경우라면 시간 단축도 되고 정확도도 올라갑니다. 협업을 하는 경우 업무가 완료되면 반드시 체크 리스트를 전하여 인수자도 일을 파악하게 합니다.

> **[TIP]** 회의 시간이 한 시간을 넘어가면 집중도가 떨어집니다. 집중력을 높이기 위해 15분 단위로 처리하고, 최고 90분이 넘지 않도록 노력해야 합니다. 만약 넘길 경우라면 휴식을 취한 후 진행하며, 업무를 처리할 때도 90분이 넘으면 효율성을 위해 반드시 휴식을 취합니다. 작업 중인 서류를 정리하거나 컴퓨터를 끈 다음 편안한 마음으로 티타임을 가지거나 가벼운 운동을 하면 좋습니다. 참고로 구글 캘린더는 15분 단위로 구성되어 있습니다.

부자가 되고 싶은 직장인이나 자영업자, 공부를 해야 하는 학생에게 시간은 무엇과도 바꿀 수 없는 자산입니다. 성공한 사람들 대부분들은 자신에게 주어진 24시간을 27시간처럼 사용합니다. 그들은 자신에게 주어진 삶의 목표나 기업 목표를 달성하기 위해 구체적이고 실천 가능한 목표를 세우고 일정과 할 일 목록을 작은 단위로 쪼갠 후 실천합니다.

이전에 목표 관리, 일정 관리, 할 일 관리를 수첩에서 했듯이 이제는 자신의 꿈과 비전을 이루기 위해 스마트폰 플래너와 구글 문서, 구글 캘린더, 구글 태스크, 구글 킵을 사용하고 있습니다.

① 스마트폰에서 'https://goo.gl/A6w5eq'에 접속하거나 QR 코드 스캐너로 다음 QR 코드를 읽어 접속합니다.
Google 스프레드시트로 엽니다. 'Part3_시간설계' 파일은 보기 전용 파일로 사본 만들기를 통해 저장한 다음 사용 가능합니다.

스마트폰에 설치된 QR 코드 스캐너가 없다면 앱 스토어 또는 구글 플레이 스토어에서 'QR 코드 스캐너'를 검색한 다음 원하는 QR 코드 스캐너를 설치합니다.

② 오른쪽 윗부분 점 세 개 아이콘을 클릭하고 [공유 및 내보내기] – [사본 보내기]를 실행하여 구글 드라이브에 저장합니다.

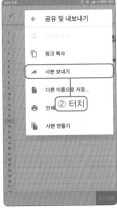

[사본 보내기]는 자신의 구글 드라이브에 저장하는 메뉴이고 [다른 이름으로 저장]은 전용 파일을 내 스마트폰에 엑셀이나 PDF 파일로 저장하는 메뉴입니다.

[다른 이름으로 저장]을 실행하면 저장할 파일 형식을 지정할 수 있습니다.

③ 아랫부분 시트를 왼쪽에서 오른쪽으로 채우며 시간 설계를 합니다. 주의할 것은 스프레드시트 안에 있는 흰색 부분만 작성하는 것입니다.

각 단계 아랫부분에서 작성 방법과 설명을 반드시 확인한 다음 작업합니다.

▲ 스마트폰에서 본 전용 파일   ▲ 컴퓨터에서 본 전용 파일

일정 관리 – 캘린더

일정 관리는 스케줄 관리에 필수적입니다. 이때 사용하는 도구가 구글 캘린더와 태스크입니다. 구글 캘린더와 태스크는 구글 계정만 있으면 바로 사용할 수 있으며 다양한 스마트 기기와 쉽게 동기화하여 활용할 수 있어 시간을 관리하려는 사람들에게 없어서는 안 될 타임 매너저 역할을 톡톡히 하고 있습니다.

일정은 구글 캘린더, 할 일은 태스크

일정은 모임, 회의, 행사와 같이 일시와 장소가 포함되는 일이며, 할 일은 일정을 준비하면서 처리할 일들입니다. 일정 관리를 할 때 일정만으로 해결되지 않는 경우 할 일 관리가 필요합니다. 할 일 목록에도 일정 관리와 같이 마감 일자를 넣어야 효율성을 높일 수 있습니다.

스마트 워커의 필수 도구

종이 수첩에 일정과 할 일을 작성하면, 내용을 확인하고 싶은 경우 일일이 수첩을 찾아야 확인할 수 있습니다. 그러나 구글을 활용하면 언제나 쉽게 검색할 수 있습니다. 만약 부득이하게 사용자가 스마트 기기를 분실한 경우라도 새 단말기를 구입한 다음 구글 계정으로 로그인만 하면 과거 일정과 할 일 목록을 확인할 수 있어 편리합니다.

메일로 관리하기

받은(수신) 메일에 초대 메일과 처리할 업무 일정이 포함된 경우 수작업으로 일정이나 할 일을 입력하지 않아도 됩니다. 메일로 온 일정을 바로 태스크나 구글 캘린더로 추가할 수 있습니다.

[더보기(⋮)]에서 할 일 목록을 클릭하면 할 일 목록에 추가되며, 추가된 할 일 목록 내용에서 링크를 클릭하면 이메일로 연결되어 관련 내용을 쉽게 확인할 수 있습니다.

수신된 메일에서 [더보기]를 클릭하고 [일정 만들기]를 클릭하면 구글 캘린더 설정 화면이 나타나면서 메일 내용이 설명에 삽입되며 일시와 장소를 보완하거나 수정할 수 있습니다. 이 경우 [일정 만들기]로 일정을 추가했기 때문에 자동으로 오른쪽 참석자란에 메일을 보낸 사람 연락처가 추가됩니다. 초대장 이메일을 클릭합니다.

[예] 버튼을 클릭하면 상대방에게 참석한다고 통보됩니다.

메뉴에서 [일정 만들기]를 실행합니다.

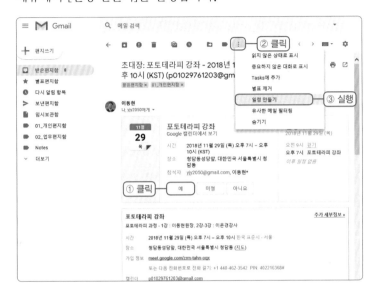

오른쪽에 참석 가능한 사람들이 표시됩니다. [참석자 추가]를 클릭하면 다른 사람들을 추가할 수 있습니다.

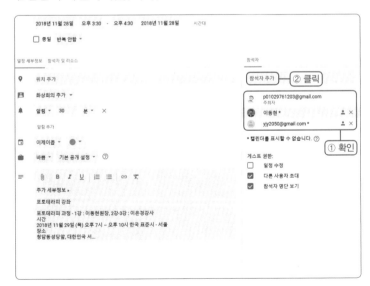

일정과 할 일 우선순위

모든 일에는 우선순위가 있습니다. 해야 할 일은 목록을 만들고 마감 시간과 시작 시간을 표시한 다음 처리합니다. 일정과 해야 할 일이 중복될 때 일정을 먼저 처리하지만 긴급하고 중요하면서 다른 할 일에 영향을 미치는 경우는 예외입니다.

> **[TIP]** 우선순위를 잡을 때 마감일이 언제인지 파악해야 합니다. 마감이 지나면 처리할 수 없는 일이 마감일에 가까워지면 우선순위로 처리해야 합니다. 그리고 여럿이 함께 해야 하는 일은 혼자 하는 일보다 우선순위가 앞서야 합니다. 다수의 사람들이 함께 하는 일은 일정 조절이 어렵기 때문입니다. 두 모임이 있고 중요도와 긴급도가 비슷하다면 참여 인원이 많은 모임에 비중을 둡니다.

만약 상사의 결재가 필요한 경우가 있다면 주의가 필요하며, 업무 관련자와 일정을 맞춰야 할 경우에는 일정과 장소에 문제가 발생하지 않도록 이중 체크를 하는 것이 안전합니다.

오전에는 중요하고 긴급한 일을 중심으로 하고, 중요하거나 긴급하게 처리할 일이 없는 경우 문서를 오전에 처리하고 외부 미팅은 오후에 잡는 것이 효과적입니다.

연간 일정과 일일 일정 관리하기

구글 캘린더는 일정에 색상을 지정하여 가독성 있게 표현할 수 있습니다. 일정을 작성할 때 시간과 장소, 미팅 내용, 참석자를 포함하고, 미확인 일정은 지노트에 저장하고 관리합니다. 상대방과 일정을 조율할 경우에는 먼저 자신의 일정을 확인하여 제시한 다음 조율하는 것이 효과적입니다. 일정이나 모임 후에는 다음 일정을 확인하고 캘린더에 넣습니다. 만약 추후에 연락해서 일정을 잡을 경우 별도의 업무처럼 처리되기 때문에 미팅에서 이후 일정을 잡는 것이 중요합니다.

01 연간 주요 일정 작성법

연간 일정에는 시작 일정과 마감 일정을 입력해 둡니다. 마감일이 없으면 업무를 미적거리게 되는 경우가 많기 때문입니다. 연간 일정을 세울 때는 결산 시기와 목표, 이벤트, 정기 회의, 사내 행사 등을 반영하되, 반복되는 일정은 구글 캘린더에도 반복 일정으로 등록합니다.

일정을 등록할 때 가족 일정과 업무는 라벨로 구분하여 관리하며 가족 일정으로는 결혼기념일, 가족 생일을 표시하고, 업무 일정에는 연간 사내 주요 일정을 등록합니다. 그런 다음 월간 및 주간 일정을 차례대로 입력합니다.

02 일일 일정 작성법

일일 일정은 보통 하루 전에 정하는 경우가 보편적입니다. 직장인이라면 퇴근 전 오늘 어디까지 일을 했으며 내일 어디부터 해야 할지 파악한 다음 내일 최우선 할 일 목록에 넣습니다. 이번 주 또는 이번 달 빠졌던 부분이 있으면 다음 일정에 넣습니다.

일반적으로 집중력을 요하는 업무나 중요도 및 긴급성이 높은 업무를 오전에 배정합니다. 만약을 위해 만든 잉여 시간을 전화, 이메일, 사내 미팅, 정보 수집 등에 활용합니다.

[TIP] 약속 잡기

전화로 약속을 잡을 경우에는 일반적으로 전화를 거는 사람이 주도권을 잡을 수 있기 때문에, 되도록이면 먼저 전화를 걸어서 일정을 잡습니다. 전화로 약속을 잡을 경우 상대방이 다수의 일정 중 선택할 수 있도록 합니다. 일정을 잡은 다음 캘린더에 등록합니다.

구글 캘린더 사용 전에 사용자 위치 정보와 시간대를 설정하는 방법을 알아보 겠습니다.

① 스마트폰에서 구글 캘린더 앱 오른쪽 윗부분 석삼 아이콘 (≡)을 터치하고 [설정]을 터치하거나 [일정] 또는 [알림]을 터치하여 기본 설정을 할 수 있습니다. [일정]과 [알림]에 체 크 표시합니다.

② PC를 이용해 [설정]으로 들어갑니다. 알림과 일정 색상을 변경할 수 있으며 기본 알림을 어떻게 할지 설정할 수 있습니다. 언어를 '한국어', 국가를 '대한민국', 현재 시간대를 '서 울'로 지정합니다.

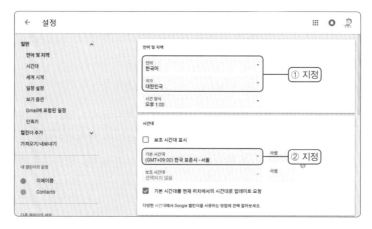

세부 설정을 하려면 컴퓨터를 활용하는 것이 좋습니다. 스마트폰에서는 핸드폰 기본 설정 을 따르기 때문에 이 과정을 할 필요가 없으나, 웹에서는 구글 캘린더를 지속적으로 사용하 기 위해 필요합니다.

③ 알림 서비스는 구글 캘린더의 강력한 기능 중 하나입니다. 알림을 등록하면 해당 일정 전에 메일이나 스마트폰 자체 알림으로 알려 줍니다. 설정 화면에서 [일정]과 [알림]을 선택하면 됩니다. 일정을 선택하고 설정에 들어간 다음 일정을 터치하면 몇 분에 알릴지 지정할 수 있습니다. 최소한 30분 전부터 1일 전, 2일 전, 1주일 전으로 지정할 수 있습니다.

④ 웹에서 알림을 설정하면 스마트폰에도 동시에 알림이 추가되며, 초대장을 추가하여 다른 사람과 화상 회의에 활용할 수 있습니다. 이 외에도 사용자 컴퓨터에서 알림을 선택하면 컴퓨터에서도 확인할 수 있습니다.

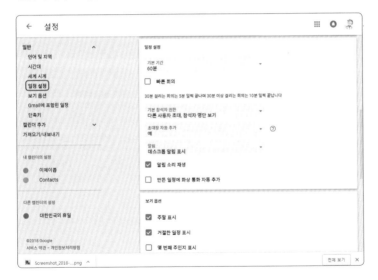

⑤ 캘린더 앱은 일정과 관련된 문서
나 자료를 멤버들과 함께 공유
하기 좋습니다. 일정을 터치하고
윗부분에 있는 펜 모양을 터치하
면 일정으로 들어갑니다.

형태 및 기능은 스마트폰 운영체제
종류와 버전에 따라 다르거나 바뀔
수 있습니다.

⑥ 일정 아랫부분에 [첨부파일 추가]를 터치하면 구글 드라이
브 속에 있는 파일에서 첨부 파일을 삽입할 수 있습니다.
구글 캘린더 환경 설정의 실험실에서 일정 첨부 파일 기능
에 체크 표시한 다음 [저장] 아이콘을 터치하면 바로 사용
할 수 있습니다.

구글 캘린더에 일정을 등록하면 스마트 기기와 동기화를 통해 쉽게 일정을 관리할 수 있으며, 간단하게 일정과 내용만 넣은 다음 추가적으로 시간, 세부 내용, 장소, 참석자, 첨부 파일, 알림을 넣을 수도 있습니다. 개인 및 업무 일정을 캘린더에 넣어서 효과적으로 관리하세요.

① 구글(https://www.google.com)에 접속하고 로그인한 다음 윗부분에 있는 [Google 앱] 아이콘을 클릭하고 캘린더를 클릭합니다.

② 캘린더 화면이 표시되면 관련 스케줄을 등록하기 위해 날짜와 시간이 있는 위치를 더블 클릭합니다. 날짜, 시간, 주소, 알림 정보를 입력하고 윗부분에서 [저장] 버튼을 클릭하면 웹 기반 일정을 등록할 수 있습니다.

③ 스마트폰에서 일정 등록하기 위해 구글 캘린더 앱을 실행합니다. 오른쪽 아랫부분에 있는 [일정 추가] 아이콘을 터치하고 [일정]을 터치합니다.

④ 일정 제목, 시간, 장소를 입력합니다. 정확한 주소를 안다면 주소를 입력하여 구글 맵으로 등록합니다. 일정을 공유할 사람을 등록하려면 사람 모양의 아이콘을 터치하여 참석자를 등록합니다. 사용자 계정에 메일 계정을 추가합니다. 참석 수락 여부를 묻는 창에서 예, 아니오, 미정을 표시하면 초청한 사람이 해당 내용을 확인할 수 있습니다.

색상별로 일정을 관리해야 가독성 있게 확인하며 처리할 수 있습니다. 필자는 개인 일정은 초록색, 업무 일정은 파란색, 목표 일정은 주황색으로 설정합니다. 색상은 취향에 따라 정하면 됩니다.

⑤ 화상 회의 여부를 체크합니다. 화상 회의 참여를 수락할 경우 행아웃 메뉴가 활성화됩니다. 그러면 해당 시간에 참석자가 멀리 떨어져 있어도 해당 화상 회의에 참여할 수 있습니다.
메모에 회의에 참석하는 사람들이 알아야 할 공지사항을 메모해 둡니다.

⑥ [첨부파일 추가]를 터치하여 회의에 필요한 자료를 첨부합니다. 회의 자료가 사전에 공지되면 회의 전에 무엇을 준비해야 하고 무엇에 대해 질의할지에 대해 정확하게 파악할 수 있습니다.

알림을 설정해 둡니다. 일정은 분, 시, 일, 주 단위로 알림 통보를 받을 수 있으며, 이메일을 통해서 통보를 받을 수 있습니다. 오른쪽 윗부분에서 [저장] 버튼을 터치합니다.

웹 기반 일정에는 시간 찾기와 함께 참석자 추가 등의 기능이 더 있으며, 게스트 권한을 추가할 수 있습니다. 특히 이메일 보내기 기능을 통해 참석자들이 해당 일정을 통보할 수 있으며, 수신자들이 해당 일정을 수락하면 수신자 구글 캘린더에 해당 일정이 자동 등록됩니다.

팀이나 회사 일정을 공유하려면 공유할 캘린더를 먼저 만들어야 합니다. 공유 일정 캘린더는 스마트폰에서는 만들 수 없고 웹 기반 구글 캘린더에서 만든 다음 스마트폰에서 사용합니다.

① 구글 캘린더에서 [설정] 아이콘(⚙)–[설정]을 실행합니다.

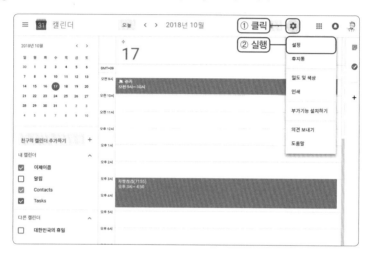

② 왼쪽에서 [캘린더 추가]–[새 캘린더]를 클릭합니다.

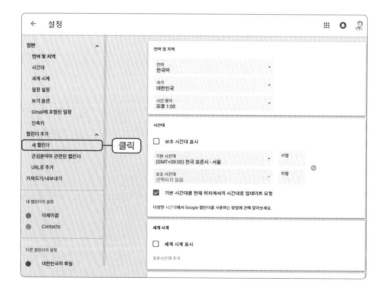

③ 누구든지 알아볼 수 있는 이름을 지정하고 시간대를 확인한 다음 [캘린더 만들기]를 클릭합니다.

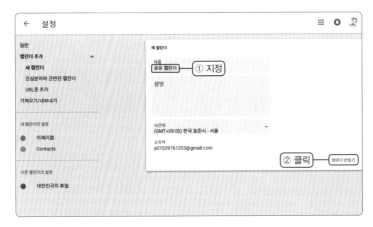

시간대는 일반적으로 한국 표준시로 하며, 해외에서 사용한다면 해당 시간대로 맞춥니다.

④ 공유할 캘린더가 내 캘린더의 설정 아랫부분에 나타납니다. [공유 캘린더]를 클릭하여 액세스 권한, 특정 사용자와의 공유, 일정 알림을 확인합니다. 액세스 권한 항목에서 '공개 사용 설정'에 체크 표시하면 구글 검색을 통해서 다른 사람들이 일정을 확인할 수 있기 때문에 스포츠 경기나 기업 홍보 등 공개해도 되는 일정에 활용됩니다. 그러므로 일반적으로 공개 사용을 선택하지 않습니다.

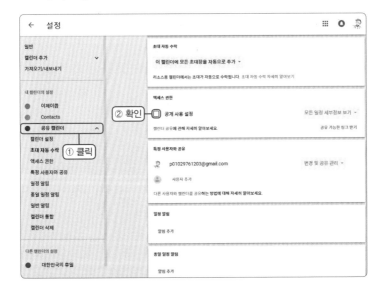

⑤ 팀원과 일정을 공유할 경우 특정 사용자와 공유 항목에서 [사용자 추가]를 통해 공유할 사람들을 초대하여 사용합니다. 사용자를 추가할 때 네 가지 권한이 주어집니다. 일반적으로 [모든 일정 세부정보 보기]를 많이 사용하며, 일정을 조절해야 할 담당자라면 [일정 변경] 등의 권한을 함께 부여합니다.

ⓐ 세부 정보를 숨기고 단순히 한가함이나 바쁨 정보만을 제공

ⓑ 모든 일정을 볼 수만 있음

ⓒ 일정을 변경할 수 있음

ⓓ 변경 및 공유까지 가능

공유 캘린더가 사용 목적이 다한 경우, 통합이나 삭제를 통해 관리합니다. 캘린더 개수가 늘어서 관리할 캘린더가 많아지면 그것 자체가 일이 됩니다. 필요에 따라 캘린더는 추가, 삭제, 통합합니다.

직장에서 업무 일정, 팀 일정, 프로젝트별 일정 등 업무 특성에 맞게 일정을 운영 관리할 필요가 있습니다. 구글이 제공하는 캘린더는 개수 제한 없이 등록하여 사용할 수 있지만 무작정 등록만 해 놓으면 관리가 힘들기 때문에 제한을 두는 것이 좋으며, 개인 일정, 업무 일정, 목표 일정(비전 일정) 정도만 만들어서 사용합니다.

① 구글 캘린더에서는 캘린더별로 색상을 적용할 수 있어 개인 일정과 업무 일정을 색상별로 관리할 수 있습니다. 웹 기반 캘린더에서는 색상을 입히고자 하는 캘린더를 선택하고 캘린더 옵션을 선택합니다.

회사업무캘린더 오른쪽에서 옵션 아이콘(⋮)을 클릭하고 회색 계통 색상(흑연)을 선택합니다. 더 많은 색상을 추가하고자 할 경우에는 색상표 아래에 있는 [맞춤색상 추가] 아이콘(+)을 클릭하면 됩니다.

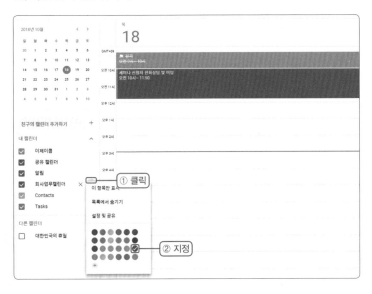

② 스마트폰에서는 지메일 계정 아래에 있는 일정, 알림, 공유 캘린더, 회사업무캘린더가 표시됩니다. 사용 방법은 동일하지만 표기상 웹 기반의 캘린더에서는 사용자 이름으로 표시되고 스마트폰에서는 일정으로 표시됩니다. 캘린더 색상을 변경하려면 왼쪽 윗부분에 있는 캘린더 메뉴(≡)를 터치하고 [설정]을 터치합니

다. 업무캘린더를 터치하고 색상을 수정할 수 있습니다.

③ 왼쪽 캘린더에서 석삼 모양을 클릭하면 해당 일정만 오른쪽에 표시됩니다.

내 캘린더에서 왼쪽 박스에 체크 표시하면 캘린더가 활성화됩니다. 내 캘린더의 사용자 이름으로 된 캘린더는 기본 캘린더이고 공유 캘린더는 누구나 볼 수 있도록 하기 위한 마케팅용 일정입니다. 회사업무캘린더는 회사 업무를 위해 공유하는 캘린더로, 특정인이나 부서원 사이에 공유하는 캘린더입니다.

이 외에도 캘린더 안에 주소록이라고 되어 있는 부분에 체크 표시하면 사용자가 등록한 지인들의 생일이 표시되는데 지메일 사용자 중에 생일을 등록한 사람에 한해 표시가 나타납니다. 그리고 할 일로 등록해 놓으면 일정에도 함께 표시됩니다.

주소록은 지인들이 생일을 계정에 넣어 두면 표시됩니다.

④ 팀장이나 담당자가 만든 캘린더를 팀원이 공유할 경우, 팀장과 담당자는 캘린더 권한을 수정이나 보기 등으로 설정할 수 있습니다. 팀원 캘린더는 자신의 캘린더 아래에 표시되며 클릭하고 역삼각형을 선택한 다음 색상과 활성화 여부를 지정해 두면 됩니다.

업무용 캘린더에 일정을 등록하면 기본적으로 한 시간 단위로 일정이 잡히며 해당 일정을 선택하고 종료 시간을 드래그하면 시간을 증감할 수 있습니다. 드래그하여 다른 시간으로 일정을 변경할 수 있습니다.

⑤ 스마트폰에서 업무 일정을 표시하기 위해서 왼쪽 윗부분에 있는 메뉴를 클릭하고 지메일 계정 아래에 있는 일정, 알림, 공유 캘린더, 회사업무캘린더 앞에 있는 체크 상자에 체크 표시하면 체크된 부분만 활성화됩니다. 일정과 회사업무캘린더만 활성화한 모습입니다.

구글 캘린더는 일반적인 개인 일정과 업무 일정 캘린더 외에 목표 일정, 알림 일정을 만들어 사용할 수 있습니다. 일반적인 일정은 개인 일정과 업무 일정을 나누고 색상별로 구분하지만, 목표 일정은 목표에 맞게 캘린더에 시간 달성을 위한 세션 일정을 예약해서 사용합니다. 목표 일정은 자신의 꿈을 이루기 위한 일정으로, 운동, 자기 계발, 가족과 친구, 나만의 시간, 계획적인 생활 등 세션을 선택할 수 있습니다.

① 매일 하루에 두 시간씩 조깅을 하기로 마음을 먹었다면 구글 캘린더 앱에서 + 아이콘을 터치하고 [목표]-[운동]을 터치합니다. 운동 선택 메뉴에서 [걷기]를 터치합니다.

자신이 할 수 있는 빈도를 선택합니다. 예제에서는 [주 5회(매주 5회)]를 선택했습니다.

② 운동을 몇 시간 할 것인지 나오면 [1시간]-[아무때나(수시로)]를 터치합니다. 오른쪽 윗부분에 체크 표시하면 구글 캘린더에 걷기 일정이 추가됩니다. 잠시 기다리면 스마트폰이 [몇 시에 걷기를 하면 좋을까요?]라고 물어옵니다. 해당 시간을 선택하여 운동할 시간을 지정하면 일정 등록이 완료됩니다.

너무 적게 하면 운동이 되지 않고 너무 많이 선택하면 이것 자체가 일이 되는 경우가 있기 때문에 자신의 상황을 최대한 고려하여 선정합니다.

03

할 일 관리 – 태스크/킵

할 일 목록화하기

하고자 하는 일의 단위를 작게 나누고 목록화하면 실천하기도 쉽고 일을 파악
하는 데도 도움이 됩니다. 해야 할 일을 목록화하고 우선순위에 따라 표시합니
다. 중요한 것은 일정처럼 **할 일 관리에도 반드시 마감일과 시작일을 표시해 두
는 것입니다.**

할 일이 마감되면 반드시 체크 표시하여 지워야 사용자 스스로 일에 대한 만족
감과 성취감을 느낄 수 있습니다.

스마트폰으로 할 일 관리하기

스마트폰에 구글 태스크 앱을 설치합니다. 컴퓨터에서도 구글 태스크 앱을 설치
할 수 있습니다. 'https://play.google.com/store'에 접속하고 '구글태스크'를 검
색한 다음 설치하면 됩니다.

구글의 할 일 관리는 사용자들이 아이젠하워 법칙에 따라 긴급하고 중요한 일, 긴급하지는 않지만 중요한 일, 중요하지만 긴급하지 않는 일, 중요하지도 긴급하지 않는 일을 목록에 담아서 분리한 다음 처리할 수 있도록 해 줍니다. 구글 태스크는 지메일과 연동되기 때문에 지메일 계정만 있으면 일정과 할 일 목록을 동시에 관리할 수 있습니다.

개인적으로 해야 할 일은 구글 태스크로 합니다. 웹에서 지메일로 로그인한 후 할 일을 입력할 수 있으며, 스마트폰에서는 구글 태스크를 설치하여 사용합니다.

협업을 통해 일을 처리하거나 할 일을 체크할 경우라면 구글 킵에 있는 기능을 이용하여 할 일을 공유합니다.

실습 태스크로 할 일 관리하기

태스크로 개인 일을 관리해 보겠습니다. 태스크는 지메일에서 사용할 수 있고, 앱으로도 사용할 수 있습니다. 만약 수신 메일 중에 일정이나 할 일 목록으로 추가할 내용이 있다면 메일에서 바로 할 일 목록으로 등록한 다음 관리할 수 있습니다.

① 웹 기반 지메일 계정 오른쪽에서 'Tasks' 아이콘을 클릭합니다.

② [할 일 추가]를 클릭하면 할 일 목록을 추가할 수 있습니다. 등록한 할 일 목록에서 할 일 처리가 완료되면 목록 앞에 있는 동그라미를 클릭하면 됩니다. 잘못 체크한 경우 [실행취소]를 클릭하면 다시 복구됩니다.

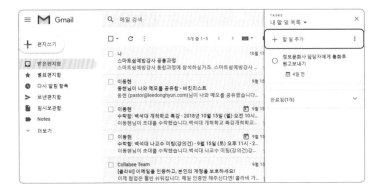

③ 할 일 오른쪽에 마우스 포인터를 가져가고 펜 모양을 클릭하면 내용을 수정할 수 있습니다.

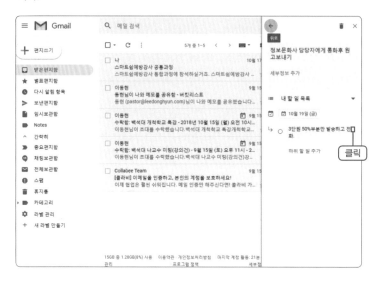

④ 할 일을 마우스 오른쪽 버튼으로 클릭하고 [날짜 추가]를 실행하면 캘린더가 표시되어 마감일을 설정할 수 있습니다.

마감일을 설정하면 구글 캘린더에도 추가되며, 알림 기능이 활성화되어 해당 일정을 알람을 통해 통보할 수 있습니다.

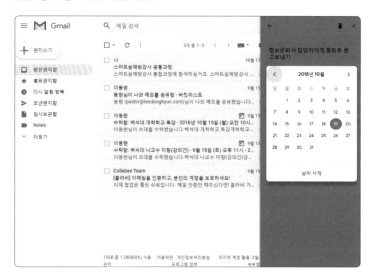

⑤ Google Tasks 앱을 설치하고 로
그인합니다. 스마트폰으로 작성
한 할 일 목록이 지메일과 연동
되어 기존 할 일들이 동기화를
통해 구글 태스크에 표시됩니다.

⑥ 할 일이 완료된 경우에는 완료됨
이라고 표시됩니다. [새 할 일 추
가] 버튼을 터치하고 [새 할 일]
에 할 일을 작성한 다음 [저장]을
터치합니다.

내 할 일 목록을 작성한 다음 [세부
정보 추가]를 클릭하여 추가로 할
일을 관리합니다. 예를 들어 세미
나 준비를 한다면 현수막, 강의장,
순서지, 강의 노트, 안내 표지 준비
는 세부 할 일 목록에 해당합니다.

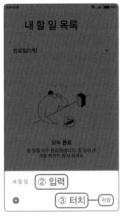

⑦ 할 일을 터치하여 내용을 수정할
수 있으며, [날짜]를 터치하여 마
감일을 설정할 수 있습니다.

구글 킵 앱은 주로 자료를 스크랩할 때 사용하지만 할 일 목록을 등록한 다음 협업과 공동 작업을 위해 사용되는 경우도 많습니다. 부하 직원에게 지시할 내용이나 할 일을 작성한 다음 공동 작업자로 등록하면 할 일이 공유됩니다. 직원이 지시 받은 할 일을 완료하고 지시 사항에 체크 표시하면 즉시 지시한 사람의 구글 킵에 표시됩니다.

① 스마트폰에서 구글 킵 앱을 실행합니다. 아랫부분에서 '메모 작성'을 터치하여 메모를 작성합니다. 윗부분에 제목과 본문을 입력합니다.

② 아랫부분에서 + 아이콘을 터치합니다. '사진 찍기', '이미지 선택', '그림', '녹화하기', '체크박스'가 있습니다. 할 일 목록을 작성하기 위해 [체크박스]를 선택하고 그림과 같이 내용을 입력합니다.

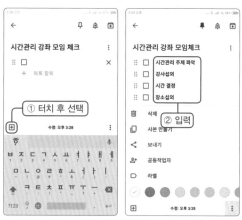

③ 오른쪽 아랫부분에서 점 세 개 아이콘을 터치하면 색을 선택할 수 있습니다. 메모를 효과적으로 관리하기 위해 라벨을 지정할 수 있습니다. [라벨]을 선택합니다. '시간관리'라는 라벨을 붙였습니다.

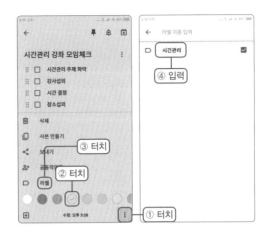

④ 알림은 메모한 내용이 일정이나 장소에 관련된 경우 해당 시간이나 장소에 가면 관련 메모 내용을 알려주는 기능입니다. 일일, 주 단위 등으로 알림을 설정할 수 있습니다. 메모 내용을 고려하여 메모 알림을 설정합니다.

지메일로 온 일정을 구글 캘린더에 추가할 수 있습니다.

① 수신 메일 속에 일정이 포함된 경우 도구상자에서 더 보기 아이콘(⋮)을 클릭하고 [일정 만들기]를 실행합니다.

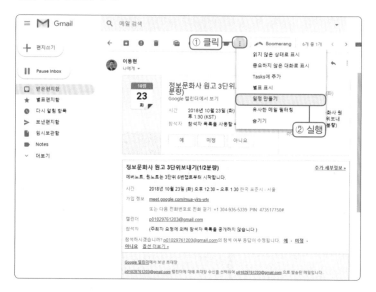

② 구글 캘린더가 구동되고 제목과 세부사항이 자동으로 표시됩니다.

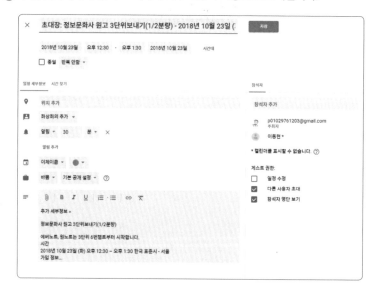

③ 오른쪽 참석자 추가란에서 참석자를 별도로 추가하거나 일정이 유동적인 경우 일정을 협업하는 사람들과 조절할 수 있습니다.

참석자에게 일정이 포함된 메일을 보낼 때 참석자들이 참석 여부를 수락할 경우 명단에 표시되기 때문에 누가 참석하고, 미참석하는지, 미정인지를 파악할 수 있어 시간 절감을 하면서 업무를 효율적으로 할 수 있습니다.

④ 스마트폰에서는 수신된 메일을 열고 [캘린더에서 열기]를 터치하면 해당 일정이 구글 캘린더에 표시된 것을 확인할 수 있습니다. 웹 기반 지메일과 동일하게 참석 여부를 선택하면 됩니다.

초대받는 사람이 일정을 클릭하여 참석 여부를 표시하면 상대방이 관련 일정에 참여할 것인지를 사전에 파악할 수 있습니다.

해야 할 일, 진행 중인 일, 완료된 일을 스마트폰과 웹에서 쉽게 확인할 수 없을 까라는 질문을 받는 경우가 많습니다. 그런 경우 투자 비용 없이 지메일 계정으로 로그인하여 협업할 수 있도록 지원하는 웹앱 서비스가 바로 트렐로입니다.

스마트폰에서 트렐로 앱을 플레이스토어에서 검색하고 설치한 다음 사용할 수 있습니다. 구글 계정으로 로그인한 다음 사용할 수 있으며, 사용 전 반드시 함께 협업할 사람들을 초대합니다.

① 스마트폰에 Trello 앱을 설치하고 구글 아이디로 로그인합 니다. 새로운 일정을 만들기 위해 + 이이콘을 더치합니다.

② 이름을 입력한 다음 [CREATE]를 터치합니다.

사용하는 스마트폰 기종 및 트렐로 버전에 따라 화면 및 기능 이 다를 수 있습니다.

③ Add list 화면이 나오면 가장 윗부분에 목록 이름을 넣습니다. [Add card]를 터치하여 카테고리 안에 할 일을 만듭니다. 카드(일)을 터치하면 세부적인 설정을 할 수 있습니다.

진행 사항에 따라, 해야 할 일에서 진행 중인 일, 완료한 일 쪽으로 드래그하여 이동시키면 됩니다.

④ 마감일을 지정하거나 체크 리스트를 넣을 수 있습니다.

⑤ 색상을 넣을 수도 있고 참석자들이 아랫부분에 요청사항이나 메모를 남길 수도 있습니다.

프로젝트 진행 상황을 한눈에 확인하기 위해 라벨 색상을 지정합니다. 담당자별로 색상을 지정해 놓으면 자신이 어떤 일을 어떻게 진행하고 있는지, 누가 어떤 일을 어떻게 진행하는지를 가독성이 있게 확인할 수 있습니다.

트렐로 웹 사이트(https://trello.com)에 회원 가입하면 앱과 동일한 방식으로 웹에서 트렐로를 사용할 수 있습니다.

① 트렐로에 로그인한 다음 협업할 할
   일 목록을 만들기 위해 오른쪽 윗
   부분에 있는 + 아이콘을 클릭하고
   [Create Board]를 클릭하여 보드
   를 만듭니다.

② 윗부분에 해야 할 일(To Do), 진행 중
   인 일(Doing), 완료된 일(Done) 목록
   이 표시됩니다.
   해당 카테고리에 업무를 추가하려면
   업무 아랫부분에서 [Add a card]를
   클릭하여 관련 내용을 입력합니다.

③ 카드를 드래그하면 순서를 변경할 수
   있습니다. 만약 해야 할 일을 계획하
   거나 진행할 경우 해당 카드를 클릭
   하고 진행 중인 일로 드래그합니다.
   진행 중인 카드 중 완료된 것은 완료
   된 일로 드래그하면 됩니다.
   즉 세미나 계획이 완료되었다면 완
   료된 일로 이동하고 예산 계획 중이
   라면 해당 카드를 진행 중인 일로 드
   래그하여 이동하면 됩니다.

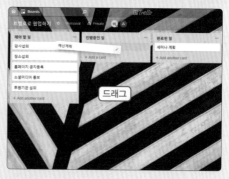

04

아이디어 관리
– 구글 킵, 에버노트, 원노트

사람은 누구나 살아가는 동안 생각을 멈추지 않습니다. 모든 일이 생각에서 시작하고 생각으로 끝난다고 볼 수 있습니다. 그러나 그렇게 떠오른 좋은 생각들이 메모하지 못해서 잊혀지는 일이 많습니다. 이제 스마트폰만 있으면 생각들을 정리하고 업무나 아이디어 회의에 활용할 수 있습니다.

아날로그 기반의 기획력과 사고를 스마트폰 속 앱에 정리하는 것은 매우 유용합니다. 마인드맵 앱을 통해 생각을 구조화하거나 단편적인 생각, 아이디어, 메모, 웹 서핑 중에 얻은 정보 등을 모으고 분류한 다음 글감이나 보고서에 포함시킬 수 있는 능력을 키워야 합니다.

그런 면에서 생각 정리는 시간을 절감하고 생산성을 높이는 고도의 기술입니다.

그런데 사람들 대부분은 생각을 잘 정리하지 못합니다. 그 이유는 바로 생각이 눈으로 보이지 않기 때문입니다. 만약 생각을 눈으로 볼 수 있다면 어떤 부분에 오류가 있는지 빠르게 파악할 수 있겠지만 생각은 눈에 보이지 않기 때문에 반드시 생각을 가시화할 수 있는 도구를 사용해야 합니다.

생각을 정리하는 도구로는 생각의 지도인 **마인드맵**, 목표 달성을 돕는 **만다라트**, 생각을 요약하고 정리하는 기술인 **로직 트리**, 자신이 가지고 있는 장단점을 파악하는 도구인 **매트릭스** 등이 있습니다.

이런 도구들은 스마트폰 앱이나 프로그램이 있어 쉽게 찾을 수 있습니다. 만약 이런 도구에 익숙해지기 어렵다면 먼저 아날로그 기반에 스킬을 배운 다음 디지털로 옮겨가면 더 활용하기 쉽습니다.

생각을 정리하기 전에 먼저 문제를 해결할 수 있는 기본 정보를 가지고 있어야 합니다. 그러기 위해서는 자료들을 수집하거나 모아 두어야 하는데, 이때 정보나 자료들을 스크랩할 수 있도록 도와 주는 도구로, 구글 킵, 에버노트, 원노트 등이 있습니다.

보이지 않는 생각을 손글씨나 키보드 타이핑 등을 통해 작성한다는 것은 생각을 눈으로 볼 수 있도록 하는 일련의 과정으로 글이나 그림 등을 통해 사고를 시각화하는 과정이 일어나게 됩니다.

웹 서핑, 책, 경험, 대화 등을 통해 다양한 생각을 얻게 될 것입니다. 이러한 정보들을 구글 킵, 에버노트, 원노트에 저장할 때 생각이 수집되는 단계를 거치게 됩니다.

그 다음 스크랩 자료를 다시 분류하면 사용자가 실질적으로 사용할 수 있는 정보가 됩니다. 이렇게 수집되고 분류된 자료들은 생각의 재배열 과정 속에서 다시금 우선순위가 매겨지고 일 처리에 영향을 미치게 됩니다. 이는 정보를 수집하고 관리하고 분류할 때 무엇이 필요한 정보인지, 어떤 정보로 수집해야 하는지에 대한 기준이 됩니다.

수집된 정보들은 문제를 해결할 수 있는 과정을 거치게 됩니다. 이러한 과정에 주로 사용되는 도구가 브레인스토밍, 브레인라이팅, 퀘스천맵입니다.

브레인스토밍은 다수의 사람들과 **이야기를 통해** 생각을 기획하는 도구로 사람들의 생각을 수용하고 판단하여 문제를 해결할 때 사용하며, **브레인라이팅**은 다수의 사람들이 **글을 통해** 생각을 기획하는 도구입니다. 앞서 브레인스토밍이 면 대면으로 생각을 나누는 것이라면 브레인라이팅은 글을 통해 자신의 의견과 생각을 표현하는 것입니다.

	브레인스토밍	브레인라이팅
특징	대화를 통한 발상으로, 비난이나 비판을 금지하고, 무조건 수용합니다. 질보다 양으로, 아이디어 재활용이 가능합니다.	글쓰기를 통한 발상으로, 6.3.5원칙에 따라 여섯 명이 아이디어 세 개를 5분간 쓴 다음 전달하는 롤링 페이퍼 방식으로 진행합니다.
장점	짧은 시간에 다양한 생각을 접할 수 있으며, 압도적인 양으로 아이디어의 질을 보장할 수 있고, 마인드맵을 통해 정리합니다.	30분 동안 여섯 명이 브레인라이팅을 할 경우 108개(6명×3개×6회)가 만들어지며, 의견을 제시할 때 누구나 평등하게 자신의 의견을 제시할 수 있습니다. 자신만의 생각을 제시할 수 있어 편안한 분위기에서 진행됩니다.
단점	특별한 사람들이 자신의 의견을 강하게 주장함에 따라 발언권이 독점되거나 특정 아이디어가 무시될 가능성이 있으며 그룹 분위기에 따라 양의 차이가 날 수 있습니다.	전체적으로 흐름을 보기가 어려우며 생각을 가시화할 수 없고, 분위기가 가라앉을 수 있습니다.

이 외에도 **퀘스천맵**은 질문 지도로 **질문을 통해** 생각을 기획하는 도구입니다. 마인드맵 형태로 구성하지만 형태는 해결할 문제나 주제에서 각각 시작하면서 상호 연결고리가 이어집니다.

이런 도구를 통해 생각이 다듬어지고 표현되며 프레젠테이션을 통해 개인이나 집단의 목표를 달성할 수 있습니다. 무수한 많은 정보들을 무작정 수집하기보다는 필요에 따라 목적에 맞는 도구를 통해 다양한 생각들을 정리하거나 기획해야 가성비 높은 시간 관리가 이루어집니다.

▲ 퀘스천맵의 예(무엇을 관리할 것인가)

꼼꼼히 메모하기

작성한 메모가 업무 전체에 영향을 미쳐서 시간 단축과 업무 승패를 좌우하게 되는 경우가 많습니다. 구글 킵, 에버노트, 원노트 등을 통해 메모를 정리하면 정보 수집, 아이디어 메모, 회의 자료 스크랩 등을 잘할 수 있습니다.

특히 회의나 업무 협의, 전화 통화, 대화 후 바로 메모를 해야 중요한 내용을 잊지 않을 수 있으며, 메모를 하지 않아 실수할 수 있는 일들을 사전에 예방할 수 있어서 업무를 원활하게 처리할 수 있게 됩니다.

메모 앱으로 메모할 경우 반드시 중요 키워드와 함께 육하원칙에 따라 메모하는 습관을 길러야 합니다.

시간 절감하고 업무 노하우 축적하기

메모 앱을 이용하면 잊었던 기억들을 확인하거나 빠르게 검색할 수 있으며, 업무 중에 취득한 노하우를 지속적으로 축적할 수 있습니다. 만약 어떤 문제가 발생할 경우 메모를 통해 문제의 원인이 무엇인지, 무엇이 빠져 있는지를 파악할 수 있으며, 어떤 일을 결정하기 전에 메모를 참고하여 실수를 범하지 않게 되어 결과적으로 시간을 절감하는 효과를 얻게 됩니다. 특히 현장 경험에서 오는 다양한 정보들을 메모하여 업무 노하우를 새롭게 축적하게 되어 사후에 발생하는 문제를 해결할 기회를 얻게 되고 시간과 비용을 한 번에 절감할 수 있습니다.

메모 작성법 익히기

메모를 잘 작성하기 위해서는 먼저 내용을 쉽게 이해할 수 있도록 키워드를 중심으로 메모를 작성해야 합니다. 지나치게 서술적으로 작성하면 메모의 내용을 읽어야 하고 생각해야 하기 때문에 **짧고 간결하게 작성하되, 요점을 정리해서 적**

는 습관을 가져야 합니다.

누가, 어떤 말을 했으며, 언제, 어디서 어떻게 할 것인지 등을 분류해서 작성해야 합니다. 만약 작성 중에 중요한 내용이 있을 경우, 밑줄이나 강조체를 통해 눈에 띄게 작성하고 반복적인 단어가 나올 때는 규칙을 기반으로 약어로 작성해야 합니다. 메모를 할 때 다른 안건이 나올 경우에는 새로 작성하거나 구분선을 넣어서 작성해야 합니다.

메모 앱으로 스크랩하기

메모를 습관화하면 관찰력과 함께 요약 능력이 향상됩니다. 구글 킵이나 에버노트, 원노트를 통해 메모를 할 경우 이야기의 요점 정리 능력을 함께 높일 수 있습니다. 메모한 다음 읽고 싶은 내용이나 알고 싶은 내용이 있다면 온라인에 접속해서 언제 어디서나 그 내용을 빠르게 파악할 수 있기 때문입니다.

특히 뉴스, 잡지, 음악, 만화와 같은 내용을 웹이나 문서를 통해 캡처하고 메모 앱을 통해 스크랩하거나 스크랩한 자료들을 분류하여 관리할 경우 불필요한 자료를 쉽게 분류할 수 있게 되어, 필요한 업무 자료를 빠르게 찾아 적용할 수 있습니다.

구글 킵, 에버노트, 원노트로 메모할 때는 요점이 무엇인지를 파악하면서 단순하게 작성합니다. **메모는 30~50자 내외로 하되 주어와 접속사 등을 한 개 정도로 넣고 긍정적으로 작성해야 합니다.** 부정적으로 작성하면 창의성이 떨어지거나 문제 해결 방안이 나타나지 않을 수 있기 때문입니다. 문장은 단순하게 작성하는 습관을 가집니다. 그렇다고 모호한 표현이나 의미 없는 문장을 적으라는 것은 아닙니다. 불필요한 메모는 내용 파악에 방해 요소가 됩니다.

회의 메모 및 의사록 작성하기

01 회의 메모하기

회의 전 메모는 회의에 필요한 사전 준비를 하고 필요한 자료를 수집하거나 기획하는 데 활용합니다.

- 회의 내용에 대한 사전 의문점, 자신의 의견을 사전에 파악해서 회의를 효율적으로 준비합니다.
- 회의 전 보고할 내용을 사전에 준비하거나 새로 나올 만한 안건 등을 사전에 파악해 둡니다.
- 의제와 목적이 무엇인지 확인한 후 의사록에 해당 내용이 있는지에 대해 확인해 둡니다. 의제, 참석자 여부, 일시와 장소, 주요 내용을 포함하여 요청할 사항 등이 제대로 있는지 확인한 다음 구글 킵이나 구글 문서를 이용하면 팀원들이 오탈자와 누락된 핵심 문제를 파악하는 데 도움이 됩니다.

회의 중 메모는 의견과 회의 결론을 기록하며, 누가 어떤 말을 했는지에 대해 객관적으로 기록하는 것이 좋습니다. 빠른 기록을 위해 약식 기호를 활용하면 좋습니다.

회의 후 메모는 회의 중 나온 의견에 대한 의문점, 결과 값에 대한 업무 확인, 회의에 대한 정보 추가에 대한 메모입니다. 회의 중 제시된 내용을 확인하고 결과 값이 필요한 경우에는 피드백을 통해 확인 및 점검합니다.

02 골든 서클에 따라 회의 의사록 작성하기

의제나 회의 목적이 무엇인지(What), 누가(Who) 참석하는지, 무슨 내용을 어떻게(How) 진행할 것인지에 대한 발언을 정리해야 합니다. 회의 종료 전이나 종료했을 때 회의에 대한 결론이 무엇인지도(What) 함께 정리합니다. 회의 내용을 정리하고 다음에 할 업무 과업에 누가, 언제, 어떻게 할 것인지 포함합니다.

122쪽에서 알아본 킵으로 음성과 사진을 포스트잇처럼 관리할 수 있습니다. 웹 서핑 중 보관하고자 하는 자료를 공유 기능을 이용해 저장할 수 있으며 오프라 인 상태에서도 사용할 수 있습니다. 종이에 메모하듯 손글씨를 입력할 수도 있 습니다.

① 앱을 실행하고 메모 작성을 터치 한 다음 메모를 추가합니다. 오 른쪽 윗부분 두 번째 아이콘을 터치하면 알림을 추가할 수 있 습니다. '장소'를 터치하면 장소 도 추가할 수 있습니다.

장소를 선택할 경우 해당 장소에 가 게 되면 관련 정보가 나타납니다.

② 왼쪽 아랫부분 + 아이콘을 터치 하고 [녹화하기]를 선택하면 음 성을 녹음하여 첨부할 수 있고 녹음된 음성은 텍스트로도 인식 됩니다. [사진 찍기]를 선택하면 사진을 메모에 첨부할 수 있습 니다.

[그림]을 선택하면 손글씨를 쓰 듯 입력하여 저장할 수 있습니 다. 아랫부분 펜 모양 아이콘을

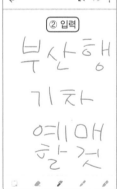

선택하여 색상이나 모양을 변경할 수 있습니다.

③ [체크 박스]를 선택하면 체크 리스트처럼 만들어 하나씩 점검하면서 누락되는 일이 없도록 메모할 수 있고 체크 리스트 앞 박스를 터치하면 체크 여부에 따라 진행 상태를 확인할 수 있습니다.

오른쪽 아랫부분 아이콘을 터치하여 메모 색상을 선택해 가독성 있게 표시할 수 있습니다. [공동

작업자]를 터치하고 공유할 사용자의 이메일을 입력하여 메모를 전달할 수도 있습니다.

웹 서핑 중에 관심 있는 포스팅이나 자료를 발견했을 때는 웹 브라우저 메뉴에서 페이지 공유를 선택하고 Keep 앱을 선택합니다. 그러면 스크랩하고자 하는 화면과 제목, 웹 주소가 킵에 자동 저장됩니다.

④ 공동 작업자는 메모 아랫부분에 사람 모양 아이콘으로 표시되며, 아이콘을 터치하면 공동 작업자를 볼 수 있습니다.

[보내기]를 터치하면 구글 문서로 메모를 저장하여 재구성할 수 있습니다. 저장된 문서는 자동으로 구글 문서 앱에서 확인할 수 있습니다.

이 기능을 이용하면 메모에서 문서로 자연스럽게 연결되기 때문에 시간 절감과 함께 효과적인 문서 작성을 할 수 있습니다. 주로 팀장이 아이디어를 내어 놓으면 팀원들이 메모에 내용을 보강한 다음 이를 기반으로 문서를 만들 때 사용합니다.

⑤ 저장된 구글 문서를 터치하면 앞에서 저장한 손글씨와 체크 리스트가 나타납니다. 사진이나 각종 이미지 도표가 들어간 메모였다면 하나의 문서로 변환하여 빠르고 정확한 문서로 탈바꿈하게 됩니다.

[다른 앱을 통해 전송]을 터치하면 다른 앱을 통해 메모를 전송할 수 있습니다. 카카오톡, 지메일, 문자, 행아웃, 밴드에 업로드할 수 있어 효율적인 업무 처리가 가능합니다.

실습 **지노트로 메모 관리하기**

지노트 앱은 메모 앱으로 주로 개인적인 생각이나 메모들을 저장하는 데 유용하게 활용될 수 있습니다. 킵과 달리 공유보다는 주로 본인의 생각이나 사적인 내용을 저장하는 공간이라고 보면 이해가 쉽습니다.

구글 지노트는 지메일 속에 노트라는 라벨에 메모가 저장됩니다. 그렇다 보니 누군가와 메모를 나누는 것은 한계가 있지만 자신의 메모와 지메일, 구글 드라이브 내용까지 통합 검색하여 메모나 자료들을 통합 관리할 수 있다는 점에서 개인적으로 활용하기에는 구글 킵보다 좋다고 봅니다.

스마트폰에서 구글 지노트 앱을 다운로드한 다음 지메일 사용자 인증 후에 사용할 수 있습니다. 스마트폰에서 웹 서핑을 할 경우, 특정 정보를 저장하고자 할 때 웹 브라우저 상태에서 공유 버튼을 터치하여 구글 지노트로 공유합니다. 그러면 지메일의 notes 라벨이라는 곳에 해당 메모들이 스크랩되어 저장됩니다.

지메일에 저장된 메모는 notes라는 곳에 저장되기 때문에 지메일에서는 수정이 불가능합니다. 만약 수정해야 할 경우라면 구글 지노트 앱에서 해당 메모를 선택한 다음 수정할 수 있습니다.

① 스마트폰에서 지노트를 설치합니다. [SIGN IN] 버튼을 터치하고 지메일로 로그인합니다. 아랫부분에 있는 SYNC WITH GMAIL을 선택합니다.

구글 킵의 공유는 한 개의 메모를 다수의 사람들이 보고 수정하거나 작업이 완료된 부분을 실시간으로 파악할 수 있는 반면 지노트 메모는 단 방향적으로 전달됩니다.

② [GOOGLE AUTHORIZE] 버튼을 터치하고 주소록 액세스를 허용합니다.

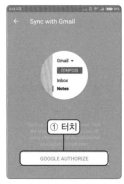

③ 오버레이가 감지되었다는 화면이 표시되면 설정 열기를 선택하고 [다른 앱 위에 그리기 허용]을 선택합니다. 기존 사용자라면 이전에 사용했던 메모들이 나오지만 처음 사용자라면 빈 공간만 나타납니다.

④ 지메일은 폴더 개념이 없기 때문에 라벨로 메일을 관리합니다. 그래서 지노트에서도 라벨을 통해 메모를 관리해야 합니다.
석삼 모양 아이콘(☰)을 터치하고 아랫부분에서 펜 모양 아이콘을 터치하여 라벨을 추가합니다.

라벨 우선순위에 따라 라벨 이름 앞에 01_, 02_ 형식으로 숫자를 넣으면 숫자 순서대로 배치되는 효과가 있습니다.

⑤ 아랫부분에 있는 + 아이콘을 터치하면 메모를 할 수 있습니다. 오른쪽 윗부분에서 사진, 메모 삭제, 알람 등을 사용할 수 있습니다.

원노트, 에버노트는 지노트보다 폭 넓은 유저 층을 가지고 있습니다. **원노트**는 윈도우 기반의 컴퓨터를 사용하는 사용자들이 메모들을 관리할 경우 접근성이 높아 많이 사용하고 있고, **에버노트**는 이미지 속

글자를 읽거나 에버노트 이메일을 통해 메모가 저장되는 특화된 서비스로 인해 유저 층이 매우 넓은 편입니다. 그에 비해 **구글 지노트**는 구글 유저 중에 파워 유저나 구글 매니아들이 많이 활용합니다. 그럼에도 이 책에서 구글 지노트를 활용하는 이유는 지메일 창에서 지노트로 작성한 메모와 함께 구글 드라이브 자료를 통합 검색할 수 있다는 점에서 유용하기 때문입니다.

에버노트는 '모든 업무를 한 곳에'라는 모토로 개발된 앱으로 사용자들이 웹 클리핑을 하거나 음성 녹음, 사진, 문서 등을 저장할 수 있는 도구입니다. 에버노트는 지노트나 킵처럼 다양한 위젯과 빠른 동기화와 함께 다양한 플랫폼에서 활용할 수 있어 사용자 층이 두텁지만, 구글 킵이나 지노트에 비해 복잡한 유저 인터페이스를 가지고 있습니다.

① 에버노트 앱을 설치하고 실행한 다음 로그인합니다. 메모나 문서를 작업하다 보면 관련 내용을 모아야 관리가 됩니다. 에버노트에서는 이 기능을 노트북이라는 이름으로 제공합니다. 컴퓨터의 폴더 개념이며, 200개까지 만들 수 있습니다. 오른쪽 아랫부분에서 + 아이콘을 터치하고 할 일 목록을 만들기 위해 텍스트 노트를 터치하여 메모를 시작합니다.

② 메모를 작성합니다. 영문 a를 터치하면 글꼴 스타일을 사용할 수 있으며, 클립 모양 아이콘을 터치하면 다양한 파일을 첨부할 수 있습니다. 카메라 아이콘을 터치하면 명함이나 문서를 촬영하여 에버노트에 이미지로 삽입할 수 있고 시계 아이콘을 터치하여 날짜를 설정할 수 있습니다.

일반 카메라와는 다르게 대비되는 영역을 인식하여 명함이나 문서를 깔끔하게 촬영합니다.

③ 에버노트의 가장 강력한 기능은 태그입니다. 태그를 입력해 놓으면 관련 정보들을 빠르게 검색하여 업무에 적용할 수 있습니다. 한 개 이상의 태그를 입력해 둡니다.

메모 제목을 입력합니다. 기억하기 쉽고 정보를 빠르게 찾을 수 있도록 하되 업무 번호나 부서 이름을 붙여 관리한다는 생각으

로 제목을 작성하는 것이 좋습니다. 제목을 입력한 다음 왼쪽 윗부분 녹색 체크 표시를 터치하면 자동으로 저장됩니다.

④ 작업이 완료되면 아랫부분에서 펜 모양을 터치하여 메모 내용을 수정할 수 있습니다. 스마트폰에서 작성한 에버노트 노트를 다른 태블릿 PC에서 바로 확인할 수 있습니다. 오른쪽 윗부분 점 세 개 아이콘을 터치하면 메뉴가 표시됩니다. [동기화]를 터치하면 방금 작성한 메모가 에버노트 서버에 저장되고 다른 스마

트 기기에서 동일한 에버노트 메모를 확인할 수 있습니다.

에버노트는 모바일용뿐만 아니라 웹용이 있으며 PC 버전과 모바일 버전이 기능상 별 차이가 나지 않습니다.

① 에버노트 웹 사이트에 접속하고 로그인 (https://evernote.com/intl/ko)합니다. 에버노트 처음 사용자라면 왼쪽에서 '노트북'을 클릭했을 때 기본적으로 첫 폴더에 해당하는 '첫 번째 노트북'을 확인할 수 있습니다. 이 노트북 안에 다수의 노트를 저장할 수 있습니다. 업무용, 개인용, 스크랩용 등으로 노트북을 만들어 놓으면 목적에 맞게 관련 내용을 메모하여 저장할 수 있습니다.
'첫 번째 노트북'을 클릭합니다.

② 본문이 있는 곳을 클릭하면 노트를 편집할 수 있는 편집기가 표시됩니다. 글자 크기, 색상을 설정할 수 있고 표, 링크 등을 삽입할 수 있습니다. 보이지 않는 편집 아이콘이 있다면 '더 보기'를 클릭합니다.

③ 본문을 작성하고 아랫부분에 있는 태그 모양 아이콘을 터치하면 태그를 추가할 수 있습니다. 태그 모양 아이콘 옆 빈 칸에 태그를 입력할 수 있으며, 추가적으로 태그를 입력할 경우에는 태그 모양 옆 +를 터치하여 추가하면 됩니다. 왼쪽에서 태그 아이콘을 터치하면 지금까지 입력한 태그들을 한눈에 확인할 수 있습니다.

마이크로소프트의 원노트는 메모 관리 앱으로, 기존 메모 기능과 생각을 캔버스 위에 자유롭게 메모할 수 있는 손 필기 기능을 제공하고 있어서 디지털 펜 기능이 있다면 콘텐츠를 더 자유롭게 활용할 수 있습니다. 그리고 워드나 엑셀, 파워포인트 등과의 호환성이 뛰어나서 오피스와 함께 활용하기 좋습니다. 가입하면 10기가의 무료 공간을 준다는 장점도 있습니다.

① 스마트폰에 원노트를 설치하고 앱을 실행합니다.

② 왼쪽 아랫부분에서 '페이지' 또는 '전자 필기장'을 터치하면 메모를 작성할 수 있으며, 페이지 옆에 있는 카메라, 마이크, 펜, 체크 리스트를 선택하면 원하는 형식의 메모를 작성할 수 있습니다. '페이지'를 터치합니다.

③ 제목과 본문을 입력할 곳이 나타납니다. 기본적으로 메모가
작성되는 시간과 날짜가 표시되며 메모 작성을 완료하고 윗
부분에 있는 왼쪽 화살표를 터치하면 자동으로 저장됩니다.

PC용 원노트는 'https://www.onenote.com/Download?omkt=
ko-KR'에서 다운로드할 수 있습니다. 원노트를 사용하려면 마
이크로소프트 계정으로 로그인해야 합니다. 아웃룩 메일이나 핫
메일 계정으로 로그인해도 됩니다.

Note 원노트와 에버노트 차이점

메모 앱은 종이와 펜에서 벗어나 유연성 있게 자신의 생각을 정리하거나 메모를 할 수 있는 도구로,
다양한 스마트 기기에서 동기화하여 자유롭게 사용할 수 있습니다.

원노트와 에버노트는 둘 다 메모 기능을 제공하지만 약간의 차이가 있습니다. 두 앱 모두 무료 버전
을 제공하고 있지만 에버노트는 프리미엄 유료 패키지를 별도로 제공하고 있습니다.

	에버노트	원노트

기능	• 무료 버전 제공(제한된 기능)
	• 메모 동기화 최대 두 대 기기까지 지원,
	  디바이스 동기화 제한
	• 오프라인 액세스 제한
	• 메모와 이메일 동기화,
	  명함 디지털화 제한
		• 오프라인 액세스 지원
		• 종이에 펜으로 제약 없이 스케치나 필기
		  가능
		• 메모나 명함을 이메일로 저장

장점	태그 정렬, 강력한 검색 기능 제공	인터페이스가 사용하기 쉽고 사용자가 원 하는 용도대로 편집 가능
공통점	• iOS, 안드로이드, 맥, 윈도우 플랫폼 함께 제공 • 문서와 사진을 공유하는 기능(공동 작업 기능 강화) • 가져오기, 내보내기 기능으로 다른 클라우드나 문서 앱에 액세스할 수 있음	
비고	에버노트는 메모를 정리할 때 설정이 원노트보다 약간 복잡하지만 태그 검색이나 다양한 응용 프로그램도 함께 지원. 이에 비해 원노트는 간편하게 메모 관리 가능	

문서 관리 - 드라이브

오늘날 기업에서 처리되는 자료 대부분은 크게 문서, 동영상, 사진입니다. 이러한 자료들은 제작부터 저장에 이르기까지 구글 클라우드 기반에서 운영할 수 있으며, 자료 백업과 함께 업무에 적극 도입하여 활용할 수 있습니다.

구글에서는 구글 문서, 스프레드시트, 프레젠테이션, 폼즈 등의 기능을 제공합니다. 인터넷이 연결된 곳이라면 단말기 기종에 관계없이 문서를 작성하고 저장할 수 있으며, 작성 중인 문서도 공유하여 협업을 통해 작업할 수 있습니다.

구글 드라이브에서 문서를 공유할 경우, 핵심 기술이나 정보에는 특정인만 접근할 수 있도록 권한을 지정할 수 있어 보안 문제가 해결됩니다.

스마트폰이나 디지털 카메라로 촬영한 자료들을 구글 포토를 통해 바로 업로드하여 관리할 수도 있습니다. 구글 포토에 저장되는 무료 이미지 크기는 24×16인치 정도의 16메가픽셀이며, 그 이상의 사진은 구글 기본 용량에 포함됩니다. 무료 이미지 사이즈도 인화에 별 문제가 없지만 대형 이미지라면 원본 화질로 업로드해야 합니다. 구글의 기본 용량은 지메일과 구글 드라이브의 용량을 포함해서 총 15GB이며, 추가 용량은 100GB당 월 4.99달러만 지불하면 됩니다.

목적에 맞게 사용하기

구글 문서는 워드나 한글 문서처럼 텍스트 위주의 문서 작성에 사용하고, 구글 프레젠테이션은 파워포인트처럼 슬라이드 제작을 통해 제품 소개, 사업 계획 등을 발표하는 데 활용할 수 있으며, 구글 스프레드시트는 엑셀처럼 표 계산이나 함수를 통해 계산 업무에 활용할 수 있습니다. 이 외에 설문 조사나 정보 수집은 구글 폼즈를 통해 할 수 있습니다.

모든 문서 저장하기

구글 드라이브에 다양한 문서를 저장할 수 있는데 직접 만든 문서는 구글에서 제공하는 용량에 포함되지 않기 때문에 무제한으로 저장할 수 있습니다.

다양한 스마트 기기와 연결하기

웹뿐만 아니라 다양한 스마트 기기의 구글 드라이브에서 구글 문서를 불러와 수정, 편집, 저장이 가능하며, 작성중인 문서는 특정인과 공유하여 협업이 가능하기 때문에 효율적으로 문서를 관리할 수 있습니다.

내 컴퓨터 드라이브처럼 사용하기

구글 드라이브 설치형 프로그램을 설치하면 구글 드라이브를 컴퓨터 안에 있는 드라이브처럼 사용할 수 있습니다. C 드라이브처럼 별도의 드라이브가 만들어지지는 않지만 폴더처럼 구글 드라이브의 모든 자료가 동기화를 통해 손쉽게 연동이 이루어집니다.

구글 문서는 워드나 한글처럼 문서를 작성하는 도구로, 이미지, 메모, 표, 각주, 특수문자, 링크, 등식 등을 넣어 문서를 작성할 수 있습니다. 스마트폰에서 작성한 문서는 동기화를 통해 웹 기반 구글 문서에서 연속적으로 작업을 할 수 있습니다.

① 스마트폰에서 구글 문서를 설치하고 연 다음 기본 문서를 만듭니다. 아랫부분에 있는 동그라미 속 + 모양 아이콘을 터치하면 템플릿에서 문서를 선택할 것인지, 아니면 빈 화면이 나오는 새 문서를 선택할 것인지를 지정할 수 있습니다. 템플릿을 선택하면 내용만 변경하여 수정 작업을 할 수 있습니다.

② 새 문서를 선택하면 제목 없는 문서 하나가 만들어집니다. 웹 기반의 경우 윗부분에 제목란이 나오지만 구글 문서 앱을 이용하여 새 문서를 열면 본문만 나옵니다.

윗부분에는 텍스트의 글꼴 스타일과 함께 이미지, 표, 가로줄, 페이지 나누기, 페이지 번호, 각주 등을 사용할 수 있는 기능이 있습니다. 만약 협업을 할 경우라면 댓글 기능을 이용합니다.

본문을 입력하고 수정을 원하는 부분을 선택합니다. 윗부분에 있는 A 모양 아이콘을 선택해 텍스트의 글자 모양을 변경하고, 글자들을 정렬하기 위해 단락을 선택합니다. 문서

균형에 맞게 가운데 정렬, 글머리, 줄 간격을 선택하면서 문서를 만듭니다.

③ 윗부분 메뉴에서 + 아이콘을 터
치하고 [이미지]를 터치하면 이
미지를 삽입할 수 있습니다.
[링크]는 문서 속에 특정 단어를
터치하면 지정된 링크로 이동하
는 기능이고, [가로줄]은 단락을
구분할 때 활용할 수 있습니다.
출처가 되는 부분이나 설명을 달
수 있는 [각주], 문서의 양이나
해당 내용이 어디에 있는지를 빠
르게 찾을 수 있는 [페이지 번호] 기능이 있습니다.

댓글을 달고자 하는 텍스트를 선택하면 댓글 추가 메뉴가 나옵니다. [댓글 추가]를 터치
하면 내용을 입력할 수 있습니다. 댓글 내용을 작성한 다음 아랫부분에 있는 [댓글]을 터
치합니다.

④ 윗부분에 있는 댓글 아이콘을 터
치하면 방금 입력한 댓글을 확인
할 수 있습니다.
문서에 표를 삽입하려면 윗부분
메뉴바에서 + 아이콘을 터치하
고 메뉴에서 표를 선택한 다음
원하는 행과 열을 지정하면 자동
으로 표가 완성됩니다. 만든 표
에서 행과 열에 표를 추가하거
나, 행과 열을 삭제하거나, 셀을
병합할 수 있습니다.

⑤ 윗부분에 있는 메뉴 중에서 + 아이콘을 터치하면 표를 삽입할 수 있는 메뉴가 표시됩니다. 표를 선택하면 가로와 세로 줄이 몇 개인지 지정할 수 있습니다. 열과 행을 표시하고 아랫부분에 있는 [표 삽입]을 터치하면 표가 문서 속에 삽입됩니다.

표가 만들어지면 해당 빈칸에 내용을 입력하면 됩니다. 윗부분에 있는 역삼 모양 바를 이용하면 표 크기를 조절할 수 있습니다.

실습 **메모 및 댓글 달기를 통한 협업하기**

작성된 문서나 회의 의사록에 메모나 댓글을 통해 의견을 첨부할 수 있습니다. 구글 문서에는 권한에 따라 문서 전체의 내용을 추가하거나 삭제할 수 있는 쓰기 권한과 내용만 열람할 수 있는 보기 권한, 내용에 대해 의견을 달 수 있는 댓글 권한이 있습니다. 다음 문서는 댓글 권한이 포함된 문서입니다. 해당 문서에 자신의 의견을 달 수 있습니다.

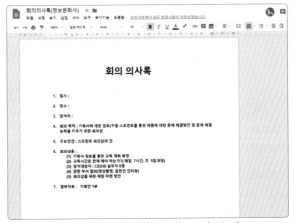

▲ 구글 문서로 작성한 회의 의사록(https://goo.gl/BZ8fkx)

① 스마트폰에서 'https://goo.gl/BZ8fkx'에 접속합니다. 내용을 변경하거나 댓글을 달고 항목을 공유하려면 앱 사용을 권고하는 창이 나옵니다. [앱 사용하기]를 터치합니다. 만약에 구글 문서 앱이 설치되어 있지 않으면 설치 후에 접속합니다.

② 구글 문서 앱이 실행이 되고 해당 문서가 열립니다.
댓글을 달고자 하는 곳에 마우스 포인터를 가지고 간 다음 해당 부분을 더블 터치하여 댓글을 달고자 하는 부분을 선택합니다. 표시되는 메뉴에서 점 세 개 아이콘을 터치하면 댓글이나 링크를 삽입할 수 있습니다.

③ [댓글 추가]를 터치합니다. 작성자 이름과 시간이 표시되고 의견을 달 수 있는 공간이 표시됩니다. 댓글을 작성한 다음 아래에 있는 [댓글] 버튼을 터치합니다. 참여한 사람들은 자신의 생각이나 의견을 달 수 있으며, 다른 사람들의 댓글 내용도 확인할 수 있습니다. 오른쪽 윗부분에 있는 말풍선 모양 아이콘을 터치하면 사람들의 댓글을 확인할 수 있습니다.

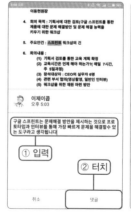

구글 드라이브 앱은 구글 문서와 구글 스프레드시트 문서를 작성하거나 수정할 수 있는 앱입니다. 실시간으로 문서 작업과 협업을 할 수 있기 때문에 문서를 작성하거나 수정을 할 때 시간을 절약할 수 있고 완성도를 높일 수 있습니다.

① 구글 드라이브를 다운로드하고 실행합니다. 프로그램을 실행하면 15기가까지 무료임을 알리는 내용이 나옵니다. [건너뛰기]를 터치하거나 다음 아이콘을 터치합니다.

구글 계정으로 자동 로그인되며 컴퓨터로 작성한 구글 드라이브 문서들과 스마트 기기의 실시간 동기화가 이루어집니다.

② + 아이콘을 터치하면 폴더, 업로드, 스캔, 구글 문서, 구글 스프레드시트, 구글 프레젠테이션이 표시됩니다. [폴더]는 구글 드라이브 안에 폴더를 만들고, [업로드]는 스마트폰에 있는 파일을 구글 드라이브에 업로드합니다. [스캔]은 사진을 구글 드라이브에 업로드할 수 있습니다. 이 외에도 구글 문서, 구글 스프레드

시트, 구글 프레젠테이션 파일을 열고 작성할 수 있습니다. 단 작성하거나 수정하려면 관련 문서 앱이 사전에 설치되어 있어야 합니다. 만약 설치되어 있지 않으면 뷰 기능만 제공합니다.

윗부분에 있는 검색창(돋보기)을 통해 검색할 수 있습니다.

구글 스프레드시트는 마이크로소프트 오피스 엑셀과 같은 기능을 제공하는 웹 기반 스프레드시트 프로그램으로, 서식이나 문서 제작에 활용되고 있으며 다른 구글 서비스에 비해 활용 범위가 가장 높고, 협업을 통해 공동 작업이 가능합니다.

① 구글 스프레드시트 앱을 설치한 다음 실행합니다. 오른쪽 아랫부분 + 아이콘을 터치하면 새 스프레드시트 파일을 만들 수 있습니다.

② 템플릿으로 만들 것인지, 아니면 새 엑셀 파일로 만들 것인지, 새 스프레드시트 파일로 만들 것인지를 선택할 수 있습니다.
[템플릿 선택]을 터치해 봅니다. 시간 관리나 재무, 용돈 등을 관리하기 위한 템플릿을 활용할 수 있습니다.

스마트폰 운영체제에 따라 다르게 표시될 수 있습니다. 예제는 안드로이드 폰을 사용했습니다.

③ 스프레드시트 윗부분에 있는 사람 모양 아이콘을 터치하면 사용자를 추가할 수 있습니다. 지메일 사용자의 이메일 주소를 입력하고 사용자들이 누가 어떤 목적으로 이 파일을 공유했는지를 알 수 있도록 메시지를 입력합니다.

④ 사용자를 추가할 때 세 가지 권한을 가지고 권한을 위임합니다. 스프레드시트를 만든 사람은 소유권자라고 하고 해당 스프레드시트에 대해 수정과 댓글, 삭제, 공유 권한을 가집니다. 문서의 소유권자는 협업할 사람들에게 수정, 댓글 작성, 보기 권한을 부여할 수 있습니다.

　ⓐ [수정 가능]은 문서 내용을 수정할 수 있고 삭제할 수는 없지만, 협업 권한 중 가장 강력한 권한입니다.

　ⓑ [댓글 작성 가능]은 문서 내용 중 수정해야 하거나 추가해야 할 내용 등을 댓글 형식으로 요구할 수 있는 권한이지만 댓글을 달았다고 무조건 수정해 주는 것은 아닙니다. 문서가 완성된 다음 외부인이나 특정인에게 관련 문서 내용을 열람하여 평가해 달라고 할 경우 댓글 작성 가능으로 변경합니다.

　ⓒ [보기 가능]은 문서가 완성된 다음 문서 열람이 필요한 사람들에게 권한을 부여하는 경우 활용할 수 있습니다.

권한을 부여한 다음에는 오른쪽 윗부분에 있는 종이비행기 모양(삼각형) 아이콘을 터치하여 공유 정보를 저장합니다. 그러면 해당 문서가 공유한 상대방에게 전달되고 공유한 사람은 해당 문서에 수정, 댓글, 보기 권한에 따라 접근할 수 있습니다.

⑤ 스프레드시트 문서에서 특정 부분을 선택하면 아랫부분에 문서를 편집할 수 있는 도구가 표시됩니다. 글자를 진하게 하거나, 글자 색상을 변경할 수 있으며, 정렬을 통해 문서를 구성할 수 있습니다. 문서를 공유하고 누군가로부터 문서에 대한 피드백을 받는 경우, 댓글을 통해 확인합니다. 댓글은 윗부분에 있는 + 아이콘을 터치하여 추가할 수 있으며 댓글 확인은 윗부분 말풍선 아이콘을 터치하여 할 수 있습니다. 댓글을 달게 되면 해당 셀 오른쪽에 삼각형이 표시됩니다.

오른쪽 윗부분에 있는 점 세 개 아이콘을 터치하면 찾기와 바꾸기를 통해 시트에 있는 문자열을 찾거나 변경할 수 있으며, [공유 및 내보내기]를 터치하면 해당 문서를 링크 형식으로 공유할 수 있습니다.

⑥ 구글 스프레드시트는 기본적으로 온라인상에서 작업이 이루어집니다. [오프라인으로 사용]을 선택하면 인터넷이 연결되지 않아도 작성할 수 있습니다.
지메일, 구글 문서, 스프레드시트, 구글 프레젠테이션 파일 모두 [별표표시] 기능을 사용할 수 있습니다. [별표표시] 기능은 지금 작업 중인 문서를 표시하거나 별도로 관리가 필요한 경우 선택하는 기능입니다.

⑦ 문서 작성이 완료되면 별표를 터치하여 제거합니다. 너무 많은 별표는 작업에 방해가 될 수 있습니다. 만약 중요한 문서라면 별도로 라벨(폴더)을 만들어 관리해 둡니다.
스프레드시트 앱에서 왼쪽으로 드래그하고 별표 아이콘을 터치하면 중요 문서들을 한 번에 확인할 수 있습니다.

인맥 관리 – 주소록

인간은 타인과 끊임없는 관계 속에서 사회를 만들고 발전시키면서 인맥을 만듭니다. 이러한 인맥이 성공과 실패를 가늠하게 될 정도로 인맥 관리는 중요합니다. 혼자 시장을 조사하기보다는 전문가의 도움을 받아 자료를 조사하거나 문제를 해결한다면 시간과 물질을 절감할 수 있습니다. 그렇기 때문에 내 주변에 어떤 인맥이 있는지가 중요합니다.

일 년에 한 번도 연락하지 않거나 얼굴도 기억하지 않는 인맥을 관리하기보다는 직장 업무와 생활에 도움이 되는 인맥 관리가 기본이며, 필수입니다. 지금까지 최선을 다해 살아가고 있지만 원하는 만큼의 결과가 나오지 않는다면 자신의 인맥 관리를 되돌아보아야 합니다.

만약 자신의 스마트폰 주소록에 단순히 이름과 전화번호로만 등록되어 있다면 인맥 관리가 제대로 되고 있지 않는 경우가 있습니다. 연락처에는 이름과 연락처, 생년월일, 이메일, 주요사항이 메모되어 있어야 합니다. 지인들이나 업무 관계자의 주소록만 제대로 관리하면 인맥 관리에 큰 변화를 가져 올 수 있습니다.

인맥 관리가 필요한 사람들

인간은 누구나 관계 속에서 상호 영향력을 미치며 살아갑니다. 그렇기 때문에 취업을 준비하는 취업 준비생, 이직과 재취업을 준비하는 사람, 승진을 준비하는 사람, 창업 준비생, 고객 관리ㆍ계약ㆍ협상이 필요한 사람, 직장인들이 바로 인맥 관리가 필요한 사람들입니다.

인맥 관리 원칙과 노하우

사회생활에서 인간관계를 구축하는 것은 중요하지만 구축보다 더 중요한 것은 인맥을 우선순위에 따라 분류하는 것입니다. 인간관계가 넓으면 장점도 있지만 단점도 많습니다. 넓은 인간관계를 유지하기 위해 그만큼 시간과 힘, 돈이 필요하기 때문입니다. 필요한 인맥에 집중하기 위해 인맥 관리에도 우선순위를 두어야 하고 반드시 필요한 인맥에 집중해야 합니다. 인간관계망을 구축한다는 것은 상대에게 투자하는 것이 아닙니다. 바로 자신에게 투자하는 것입니다. 그렇기 때문에 스스로에게 이득이 되는 부분이 무엇인지를 살펴보아야 합니다.

인맥 관리를 위해 자신만의 우선순위를 정해야 합니다. 물론 여기서도 가족은 우선순위에 들어갑니다. 가까운 사람, 친한 사람에서 시작하여 네트워크를 활용한 인맥으로 확대해야 합니다. 일 년에 한 번도 전화하지 않거나 얼굴도 기억나지 않는 인맥들은 삭제해야 인맥 관리에 들어가는 에너지를 꼭 관리해야 할 사람들에게 집중할 수 있습니다. 그런 다음 주소록에 가족, 직장, 소셜 네트워크, 학교 등의 카테고리를 만들어 관리해 나가야 합니다. 특히 집중해야 할 인물에 대해서는 이름, 주소, 사진, 연락처, 이메일, 생년월일, 기념일, 관심 분야 등을 주소록에 넣어 관리하는 습관을 가져야 합니다.

만약 우선순위를 잡지 않고 분류하지 않으면 인맥에 도움이 되기보다는 도리어 당신이 얽매여서 시간, 돈, 에너지를 낭비하게 될 것입니다.

진짜 인맥 찾기

지금 스마트폰에 저장된 연락처나 소셜 미디어 속 친구들이 모두 자신의 인맥이라고 착각하고 있지는 않습니까? **얼굴도 모르고 한 번도 개인적으로 대화한 적이 없는 인맥은 희망 인맥일 뿐 실질적인 인맥이 아닙니다.** 비즈니스 때문에 넣어 둔 연락처들은 진정한 인맥이라고 볼 수 없습니다. 이런 인맥들은 당신이 어려움을 당했을 때 도움이 되지 않습니다. 당신이 어려운 일을 겪고 있을 때 작은 도움이라도 줄 수 있는 사람이 당신의 인맥입니다.

주소록에 있는 사람 중에 얼굴이 기억나지 않는 사람부터 최근 6개월 이내에 한 번도 연락하지 않는 사람들은 희망 인맥이며 거품 인맥일 경우가 많습니다. 특히 소셜 미디어로 관계를 맺고 있는 인맥이라면 진정한 인맥이라고 볼 수 없습니다. 물론 미래 어느 순간 나와 인맥을 맺을 수 있는 희망 인맥이 될 수 있겠지만 진짜 인맥이 되려면 많은 시간과 물질을 투자해야 합니다. 지금 현재 당신에게 필요한 인맥은 진짜 인맥입니다. **진짜 인맥에 시간과 물질을 투자해야 합니다.**

필자의 경우 사용하는 소셜 미디어 종류가 많아서 소셜 미디어 친구들만 해도 2만 명이 넘지만, 오프라인에서 만난 인맥은 손꼽아 볼 정도입니다. 이런 가상 인맥을 실질적인 인맥으로 만드는 시간적인 에너지를 진짜 인맥에 투자해야 합니다. 만약 희망 인맥을 진짜 인맥으로 만들고자 한다면 소셜 미디어 속 지인들과 지속적으로 연락을 취하고 자신의 프로필 등을 업데이트하여 관계를 이어가야 합니다. 소셜 미디어 속에서 소리 없이 다른 사람의 글만 보는 인맥도 있습니다. 이런 인맥은 소통하기를 거부하는 사람들입니다. 이런 사람들과 진정한 관계를 맺기란 쉽지 않습니다. 그렇기 때문에 오프라인 인맥과 소통하고, 시간을 내어서 만날 수 있는 인맥에 에너지를 투자합니다.

마케팅을 위해 가상 공간에서 친구를 사귀거나 인맥을 만들고자 한다면 관심 분야가 같거나 서로 도움이 될 수 있는 인맥을 우선적으로 찾아야 합니다. 공통의 연결점이 없이는 그 관계가 오래 유지되기 쉽지 않습니다. 소셜 미디어에서는 질보다 양을 따지는 경우가 많이 있는데 진정한 인맥은 양이 아니라 질에 있음을 간과해서는 안 됩니다.

필자의 경우 주소록의 수천 명에서 1/3만 남기는 1차적 정리를 하였지만, 다시금 그 인맥 중에서 파레토의 법칙(2대 8 법칙)에 따라 상위 20%에게 투자하고 관리하기 위해 80%의 인맥을 정리하였습니다.

> **[TIP]** 인맥 관리에 있어서 2대 8 법칙은 소수의 인맥(20%)이 전체 인맥을 관리하여 얻어지는 결과 값의 80%를 차지한다는 이론입니다. 그렇기 때문에 이 이론을 바탕으로 하여 자신의 인맥을 중요도 순서로 정리한 후 다시금 아이젠하워 법칙으로 분류합니다. 자신의 주소록에서 불필요하거나 관계가 끊어진 인맥을 탐색하고, 상위 20%만 남기고 나머지는 가감하게 삭제하면 됩니다. 그런 후 남은 에너지인 80%를 나머지 20%에 재투자합니다. 상위 20%의 인맥은 당신의 시간과 삶을 풍성하게 만들 것입니다.

약속 관리

누군가와 약속을 정해 미팅을 하거나 회의를 하기로 결정되면 약속 장소와 이동 경로를 확인해야 합니다. 약속 시간에 늦지 않도록 구글 캘린더의 알림 기능을 활용하면서 약속 장소까지 이동하는 데 필요한 정보를 사전에 파악해야 정확하게 약속을 지킬 수 있습니다. ▶165쪽 참고

명함 관리

새로운 사람을 만나게 되면 가장 먼저 하는 것이 명함 교환입니다. 하루에 받는 명함이 많은 경우 명함 관리를 위해 별도의 시간을 내어야 한다면 매우 비효율적입니다. 이런 경우 명함 관리 앱을 통해 구글 주소록에 해당 정보를 입력하는 것이 효과적입니다. ▶168쪽 참고

스마트폰으로 관리하기

수첩 대신 스마트폰을 사용할 경우 일정 기록, 일의 진행 상황을 체크하기 좋고 해야 할 일, 메모, 인맥 관리에 필요한 사항을 주소록을 통해 효과적으로 관리할 수 있습니다. 스케줄 관리에 스마트폰을 이용할 경우 시간과 장소에 얽매이지 않고 업무를 처리할 수 있으며, 문서나 스케줄 관리와 연관해서는 업무의 효율화와 협업이 가능합니다. 인맥을 관리할 때 지메일 주소록을 사용하면 상대방이 등록한 생일이나 사진은 업그레이드할 때 자동으로 수정됩니다.

인맥 관리의 기본인 전화 업무하기

주소록에 등록된 인맥에게 기본적으로 일 년에 최소한 수차례 연락을 취하게 됩니다. 전화 업무를 할 때 반드시 고려할 것들이 있습니다. 이 점만 잘 파악하고 있으면 업무 처리를 원활하게 할 수 있어 시간을 절감할 수 있습니다.

전화하기 전에 왜 전화를 하는지에 대한 용건과 전달할 내용을 미리 메모해 두면 시간을 낭비하지 않을 수 있습니다. 상대방에게 확인할 마감일이나 숫자 또는 날짜와 관련된 부분은 주의하여 확인해야 합니다.

전화 전에 대화할 용건이 무엇인지, 전달할 내용이 몇 개인지, 내가 확인할 것은 무엇인지, 상대방이 나에게 질문할 것 같은 내용이 무엇인지를 메모한 다음 통화를 합니다. 만약 상대방이 부재중일 경우에는 누가 전화를 받았는지, 누구에게 어떤 내용에 대해 전달했는지를 메모해 두어야 하고 담당자가 돌아오는 시간을 확인한 다음 해당 시간에 다시 연락합니다.

통화 중 상대방과 약속을 잡을 경우에는 담당자의 이름, 내용, 날짜, 시간, 소요 시간, 동석자, 회의 때 필요한 자료, 이메일, 연락처 등을 파악해야 일을 깔끔하게 처리할 수 있습니다.

결정권이 있는 사람 만나기

일을 할 수 있는 시간은 언제나 한정되어 있습니다. 그렇기 때문에 일하는 시간을 질적으로 높이지 않으면 자신의 꿈을 이룰 수 없습니다. 필요한 일처럼 보이지만 돌아보면 정말 쓸데없는 곳에 시간을 투자하는 경우가 많이 있습니다.

쓸데없는 일이나 중요하지 않은 사람에게 시간을 내어서 자신의 시간을 허비하면 안 됩니다. 일을 처리함에 있어 결정권이 없거나 권한이 없는 사람들과 만날 수도 있지만 그런 만남이 많아질수록 시간이 부족해집니다. 그렇기 때문에 자신의 시간을 소중히 여긴다면 결정권이 있는 사람과 만나야 합니다. 인상은 좋지만 결정권이 없는 사람과 만나며 쓸데없이 시간만 지나가고 기대하는 성과를 얻을 수 없습니다.

미팅 전에 꼭 만나야 되는지 전화나 이메일로도 가능한지 가늠해 보아야 합니다. 전화나 이메일로도 가능한 사람을 만나면 시간과 비용이 별도로 들어갈 수밖에 없습니다. 미팅 전에 전화로 할 수 있는 일이라면 통화로 처리합니다.

[TIP] 좋은 인맥을 맺지 못하는 이유는 많은 사람들이 인맥의 중요성을 인식하지 못하기 때문입니다.

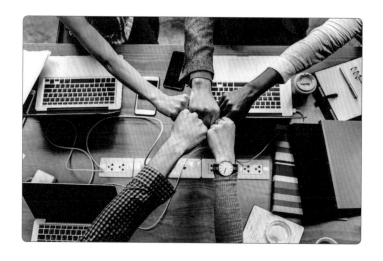

스마트폰 안에는 통신사에서 제공하는 자체 주소록 애플리케이션이 있습니다. 기본적으로 로컬 주소록에 인맥 연락처를 저장할 수 있도록 되어 있으며, 구글과 동기화하도록 되어 있지만 통신사마다 다른 UI로 인해 구글 주소록을 기본으로 사용하는 것이 좋습니다. 구글 주소록을 활용하면 추후 스마트폰을 변경하더라도 동기화 과정만 거치면 바로 사용할 수 있다는 점에서 유용합니다. 구글 주소록은 웹과 스마트 기기를 통해 쉽게 접근할 수 있으며 송수신할 때 주고받는 메일 주소를 쉽게 관리할 수 있고, 주소록에 있는 필드 값으로 인맥 관리에 유용한 데이터베이스도 만들 수 있습니다.

① 구글 주소록에 접속합니다. 구글 주소록은 스마트폰을 설정할 때 지메일로 로그인만 하면 바로 사용할 수 있습니다. 만약 웹 기반에서 인맥을 관리하는데 스마트폰 연락처가 동기화되지 않거나 늦는다면 스마트폰 동기화 현황을 파악해야 합니다. 설정 화면에서 [동기화]를 터치합니다.

② 구글 계정을 선택합니다. 데이터 자동 동기화, Wi-Fi 전용 여부를 선택합니다.

구글 동기화 화면에서 연락처가 보이지 않으면 [더 보기]를 터치하여 아래에 있는 연락처 체크 여부를 확인하고 체크가 되어 있지 않다면 체크해 둡니다.

데이터 자동 동기화를 활성화하고 Wi-Fi 전용을 비활성화하면 언제 어디서나 최신의 연락처를 유지할 수 있습니다. Wi-Fi 전용을 활성화해 두면 와이파이가 될 때 연락처가 동기화되기 때문에 언제나 최신 연락처를 원한다면 데이터 자동 동기화와 함께 Wi-Fi 전용 여부를 확인해야 합니다.

③ 주소록 아래에서 + 아이콘을 터치합니다.
인맥 관리에 필요한 주소록 필드를 입력합니다. 기본적인 이름, 전화번호, 이메일, 사진, 주소 등을 넣습니다.

④ 그룹을 선택하고 주소록에 있는 인맥들을 분류하여 관리할 수 있습니다.
새로운 그룹을 만들고 싶다면 [새로 만들기]를 터치하고 만들 그룹 이름을 넣어 그룹을 만듭니다. 윗부분에 있는 그룹 아이콘이나 왼쪽에 있는 [새 그룹]을 터치하여 그룹을 만들 수 있습니다.

비즈니스에서 만난 사람들로부터 받은 명함을 살펴보면 이름, 주소, 연락처, 이메일, 홈페이지 등이 기본적으로 들어가 있습니다. 회사 주소를 구글 주소록 필드에 입력해 놓으면 구글 맵과 연동되어 추후 방문하고자 할 때 쉽게 찾아갈 수 있습니다.

① 구글 주소록 오른쪽 아랫부분에서 펜 모양 아이콘을 터치합니다.
등록된 주소를 확인합니다. 주소가 입력이 되지 않았다면 주소를 입력합니다.

② 구글 주소록에 등록된 주소가 구글 맵을 통해 표시됩니다. GPS와 와이파이가 활성화되어 있어야 길 찾기를 할 때 정확하게 목적지를 찾아 갈 수 있습니다.
내 위치는 검색하는 사람의 현재 위치 값이고 방금 입력한 주소는 아랫부분에 목적지로 자동 등록됩니다. 대중교통을 선택하면 이동 경로가 표시됩니다.

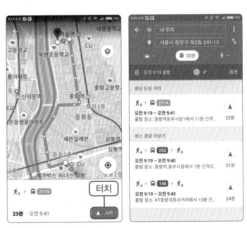

[시작] 버튼을 터치하면 현재 위치가 표시되고 무엇을 타고 어디로 이동해서 어디에서 내려야 할지가 표시됩니다. 버스를 타고 이동하면 파란색 동그라미가 노선을 따라 이동합니다. 스피커가 활성화되어 있으면 버스를 타고 내릴 때 음성으로 알려 줍니다.

구글 주소록 필드는 사용자 목적에 맞게 추가 및 삭제가 가능합니다. 스마트폰의 경우 이름, 연락처, 그룹, 벨소리 정도만 표시됩니다. 그렇다고 필드를 추가할 수 없는 것은 아닙니다. 다른 입력란 추가를 통해 필드를 추가할 수 있습니다.

① 스마트폰에서 세부 정보를 입력할 경우 구글 주소록을 터치하고 추가할 연락처를 선택한 다음 오른쪽 아랫부분에서 펜 모양 아이콘을 터치합니다. 입력란에서 [더 보기]를 터치하면 세부사항을 추가할 수 있습니다.
이미지 모양 사진 아이콘을 터치하면 사진을 변경할 수 있습니다.

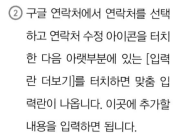

② 구글 연락처에서 연락처를 선택하고 연락처 수정 아이콘을 터치한 다음 아랫부분에 있는 [입력란 더보기]를 터치하면 맞춤 입력란이 나옵니다. 이곳에 추가할 내용을 입력하면 됩니다.

추가할 필드가 많은 경우, 웹을 이용하면 손쉽게 추가할 수 있고, 추가 후 스마트폰과 동기화만 하면 입력한 내용이 자동으로 연동되어 주소록 활용 범위를 높일 수 있습니다.

웹에서 구글 주소록을 사용하면 스마트폰에 비해 쉽게 필드 내용을 추가할 수 있습니다. 이메일을 입력할 때 개인, 직장, 포털 사이트 등 다수의 이메일을 입력할 수 있으며, 핸드폰, 집 전화, 회사 전화, 집 팩스, 회사 팩스 등 연락처와 관련된 전화번호 입력란과 함께 스카이프,

구글 토크, 생일, 기념일, 가족 관계 등의 정보를
입력할 수 있습니다.

실습 **미팅 일정 및 장소 파악하기**

지메일로 온 미팅 일정과 약속 장소가 사전에 알고 있는 장소라면 별 문제 없이
약속 장소까지 쉽게 갈 수 있겠지만 처음으로 가는 행선지라면 사전에 미팅 장
소를 파악하는 것이 좋습니다.

지메일로 온 일정 속에 약속 장소가 표시되어 있다면 구글 맵을 통해 길 찾기를
하여 약속 장소까지의 이동 시간과 이동 방법을 파악합니다.

① 초대장 메일을 엽니다.

초대 메일에서 초대에 응하려면
'예', 아니면 '아니요', 참석 여부
가 정확하지 않을 때는 '미정'을
터치합니다.

② 초대 메일의 세부 일정을 확인합니다. 시간, 장소, 참석자를 확인합니다. 윗부분에서 초대 응답을 하지 않았다면 초대 메일을 확인한 다음 참석 여부를 결정할 수 있습니다.

③ 주소 밑에 경로를 터치하면 초대장에 표시된 주소가 구글맵에 표시됩니다.

구글 어시스턴트와 음성 검색 기능을 이용하면 음성으로 원하는 정보를 검색하거나 방문지를 빠르게 찾아 갈 수 있습니다. 필요에 따라 전화 걸기, 문자 보내기, 검색하기 등을 지원합니다. 스마트폰에서 찾고자 하는 방문지가 있다면 검색 앱을 실행하고 마이크에 대고 찾고자 하는 장소나 주소를 말하면 검색 앱에서 해당 지역의 지도를 제공합니다.

① 구글 어시스턴트를 설치합니다. "오케이 구글"이라고 명령하면 앱이 자동으로 실행되고 사용자가 원하는 키워드를 말하면 관련 정보를 제공합니다. 그림은 "오케이 구글, 정보문화사 찾기"라고 명령한 결과입니다. 찾고자 하는 사람의 이름을 부르면 검색 창에 관련 정보가 나옵니다. "○○○에게 전화해.", "○○○에

게 '내일 몇 시까지 오세요'라고 문자해."라고 말하면 전화를 걸거나 문자를 보내 줍니다.

② 주소록에 등록되어 있어야 전화로 연결됩니다. 전화 걸기가 이뤄집니다.

③ 구글 어시스턴트를 향해 찾고자 하는 회사명이나 단체명을 말하면서 "○○○ 가는 길 알려줘."라고 말하면 출발지 기준으로 원하는 장소에 대해 알려 줍니다. 대중교통 경로를 알고자 한다면 대중교통 경로를 터치합니다.

실습 리멤버로 명함 관리하기

리멤버 앱은 명함을 스마트폰으로 찍기만 하면 정확히 자동으로 입력시키는 앱으로, 등록된 인맥을 손쉽게 검색할 수 있습니다. 입력되는 값은 주로 이름, 회사, 부서, 직책 등이며 해당 키워드를 통해 언제 어디서나 필요할 때 손쉽게 명함 정보를 검색할 수 있는 장점이 있습니다. 특히 리멤버 앱을 통해 명함을 관리하면 회원 사이 이직, 승진 등 최신 명함 정보가 자동으로 업데이트됩니다. 그리고 구글 주소록에 저장할 수도 있습니다.

① 리멤버 앱을 설치하고 실행합니다. 사용 경험이 있는 분들은 [기존 사용자]를 터치하고 로그인합니다. 처음 사용자라면 [신규 사용자]를 터치하여 회원 가입을 한 다음 작업을 진행합니다. 구글 회원으로 가입할 경우 구글 계정을 터치하면 리멤버 설치를 진행할지 허용 여부를 물어옵니다. [허용]을 터치하여 가입을 진행합니다.

② 오른쪽 아랫부분에 있는 카메라 아이콘(⊡)을 터치하여 명함을 스캔하면 자동으로 명함 속 내용이 리멤버 앱에 표시됩니다.

촬영한 인맥 정보는 기본적으로 리멤버 앱에 저장되며 구글 주소록에 저장하여 관리할 수 있습니다. 방금 촬영한 명함을 터치한 다음 오른쪽 윗부분에 있는 점세 개 아이콘(⠿)을 터치합니다.

구글 주소록을 선택하고 연락처를 저장합니다.

리멤버는 해당 명함 스캔 결과를 구글 주소록에 저장하거나 전화를 수신할 때 상대방 명함 정보가 표시되는 기능을 제공합니다.

실습 Call Notes로 상대방 정보 팝업으로 보기

Call Notes는 업무상 사람들을 만나 대화한 내용이나 메모를 전화 통화할 때 팝업으로 알려 주는 앱입니다. 앱을 설치하면 전화를 송수신할 때 관련 정보 및 이전에 무엇을 말했는지에 대한 정보가 나타나기 때문에 통화할 때 참고할 수 있습니다.

① 스마트폰에서 Call Notes를 설치하고 실행합니다. 에디트 노트를 터치하고 연락처에서 메모할 사람을 검색합니다.

무료 앱과 유료 앱은 팝업 위치와 색상을 조절할 수 있느냐 없느냐에 따른 차이가 있습니다. 무료 앱을 설치합니다.

② 내용을 입력하고 [저장]을 터치하여 메모 내용을 저장합니다. 저장한 내용은 해당 주소록의 메모 필드에 저장되어 있으며 구글 주소록의 메모 필드에 저장되어 있습니다.

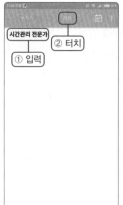

전화를 송수신할 때 구글 주소록에 있는 메모 필드 내용이 전화창에 출력되는데 입력 내용은 수정, 삭제, 추가가 가능합니다. 전화가 걸려오면 팝업으로 메모한 내용을 확인할 수 있습니다.

미팅할 때 주고받은 내용, 인상착의, 관심 분야 등을 메모해 두면 인맥 관리에도 도움을 얻을 수 있습니다.

Note 구글 폼즈로 전화 부재시 전언 메모 작성하기

전화를 수신했을 때 누가, 언제, 무슨 내용으로 전화를 걸었는지, 어떻게 처리해 달라고 하는지에 대해 구글 폼즈에 작성하면 스프레드시트를 통해 관련 내용을 열람할 수 있습니다. 전언 메모는 3W1H 형태로 메모합니다. 누가(이름, 연락처), 언제(시간과 날짜), 무슨 내용(전언 내용)인지, 어떻게(일을 어떻게 처리해 줄 것인지) 파악한 다음, 전화를 송수신한 사람이 누구인지 메모해 두어야 합니다.

전언 메모 작성 샘플은 'https://goo.gl/AU7Uep'입니다. 링크를 입력하거나 QR 코드를 통해 해당 주소에 접속합니다.

전언 메모가 작성된 모습은 'https://goo.gl/LbmQ2N'에서 확인할 수 있습니다. 링크를 입력하거나 QR 코드를 통해 해당 주소에 접속합니다.

CHAPTER

07

정보 관리 – 지메일

스마트폰이나 태블릿 PC를 들고 업무를 처리하는 사람들이 많아졌습니다. 국내 안드로이드 기반의 스마트 기기들은 대부분 구글 계정을 가지고 있어야 하기 때문에 구글은 스마트워크에 있어 가장 중요한 서비스라고 볼 수 있습니다.

스마트폰에서 구글 서비스를 이용하면 메일, 일정, 주소록, 해야 할 일, 메모나 스크랩 등을 쉽고 빠르게 관리할 수 있습니다. 특히 업무의 성격에 따라 협업을 해야 할 경우에는 일정 공유와 문서 공유를 통해 공동 작업을 할 수 있으며, 시간과 장소에 관계없이 언제 어디서든지 업무 보고나 프레젠테이션을 할 때 활용할 수 있다는 점은 기업의 생산성 확대와 시간 및 예산 절감에도 도움을 줍니다.

언제 어디서나 사용 가능

모바일 인터넷을 통해 언제 어디서나 개인 메일과 업무 메일을 처리할 수 있습니다. 개인용 지메일과 업무용 지메일을 별도로 설정하여 단말기 한 대에서 다수 계정의 지메일을 사용할 수 있습니다.

바이러스 필터와 스팸 필터

악의적으로 보낸 메일 속 바이러스로 인해 로컬 컴퓨터가 바이러스에 오염되지 않도록 바이러스 필터와 함께 광고성 게시물, 음란물을 사전에 필터링할 수 있는 스팸 필터를 제공하고 있습니다.

중요 메일 별도 관리

장기적으로 보관해야 할 중요한 메일이나 단기적이지만 잊지 말고 처리해야 할 메일들을 별표 편지함을 통해 별도로 관리할 수 있습니다. 특히 라벨과 필터 기능을 활용하여 사전에 메일을 분류해 관리할 수 있습니다.

검색 기능

지메일은 구글의 검색 엔진 솔루션이 내장되어 있어 원하는 메일을 단 몇 초 만에 찾아 사용자에게 제공해 줍니다. 특히 메일, 일정, 해야 할 일, 구글 드라이브 등의 자료들도 지메일 검색 창에서 함께 검색할 수 있도록 지원하고 있습니다.

디바이스 연동

아이폰, 아이패드, 안드로이드 폰과 갤럭시 노트 등과 같은 다양한 디바이스에서 동일한 계정으로 로그인하여 메일을 관리할 수 있습니다.

효율적인 업무 진행

업무용 일정, 부서별 일정, 프로젝트별 일정 등을 만든 후 일정을 공유할 수 있어 회의, 미팅, 회식 등의 일정을 잡기 위해 동분서주하지 않아도 됩니다.

일정에 자료 첨부

구글 캘린더에서 일정을 추가하고 난 후 관련 자료들을 메일로 보내야 할 경우 별도로 지메일에서 메일을 보내지 않고 캘린더에서 관련된 이들의 메일만 입력 하면 메일을 발송하여 일정과 자료를 공유할 수 있습니다.

일정과 할 일 목록으로 스케줄 관리 운영

받은 메일에 일정이 있으면 바로 캘린더와 할 일 목록에 등록할 수 있으며 메일 이나 문자로 알림을 설정할 수 있습니다.

문서 작업 협업 처리

구글 문서 도구를 통해 언제 어디서나 인터넷만 연결되면 워드, 엑셀, 파워포인 트를 사용할 수 있고 설문 조사 문서를 손쉽게 작성할 수 있습니다. 개인 사용자 의 경우 더 이상 USB 메모리를 들고 다니지 않아도 되며 문서를 작성할 때 협 업을 통해 다수의 사람들과 함께 문서를 작성할 수 있어서 문서 작업의 효율성 을 더 할 수 있습니다.

행아웃을 이용한 화상 회의와 화상 통화

구글 행아웃을 통해 화상 회의를 할 경우 구글 드라이브에 저장된 프레젠테이션 문서나 워드 문서를 공유할 수 있으며 회의에 필요한 동영상 자료의 경우에는 유 튜브를 통해 참석자들이 함께 보면서 업무를 처리할 수 있습니다.

메일을 잘 관리하려면 불필요한 스팸 메일은 자동으로 필터링하고, 자주 주고받는 메일의 경우에는 중요 편지함으로 분류해 주면 스팸으로 처리되는 일을 막을 수 있습니다. 지메일에서는 사용자 사이에 주로 송수신하는 메일을 분석하여 중요 메일로 분류합니다. 이로 인해 스팸으로 들어가는 일을 사전에 막을 수 있습니다. 특히 메일 중 급하게 처리해야 할 메일을 별표로 표시함으로써 메일을 잘 관리할 수 있습니다.

긴급하게 처리해야 할 편지라면 수신된 메일에 있는 별표 아이콘을 터치하여 별표 편지함에서 관리합니다. 그리고 지메일의 자체 규칙에 의해 판단된 중요 메일은 자동으로 중요함 표시 아이콘이 제목 옆에 붙게 됩니다. 별표나 중요함 표시 아이콘 모두 사용자에 의해 생성 및 해제가 가능하므로 잊지 않고 처리해야만 하는 메일에 적극 활용할 수 있습니다.

① 긴급하게 처리할 메일에 있는 별표를 터치합니다. 한 번 더 터치하면 별표가 사라집니다. 이런 점을 이용하여 긴급하게 처리해야 할 메일들은 별표를 붙일 수 있습니다. 컴퓨터는 다수의 별표를 지원하지만 스마트폰에서는 별표를 붙이거나 붙이지 않는 것으로 결정됩니다. 별표를 표시하게 되면, 별표 편지함에 긴급

하게 처리해야 할 메일들이 모두 모이기 때문에 어떤 메일을 빠르게 처리해야 하는지 쉽게 파악할 수 있습니다.

② 수신되는 메일들 중에 구글이 사용자 패턴을 분석하여 메일의 중요성을 결정하여 중요 편지함에 저장해 둡니다. 수신자 앞에 있는 아이콘을 터치하면 메일이 중요하다고 판단하여 중요 편지함 라벨을 붙여 관리합니다. 사용 방법은 별표 편지함과 동일하며 웹 기반 지메일에서는 왼쪽 중요 편지함에서 확인할 수 있습니다.

별표 편지함에는 기존의 사용자 라벨 편지함들이 함께 표시될 수 있으며 별표도 사용자 취향에 따라 변경할 수 있습니다. 참고로 스마트폰에는 별표 유무만 표시되지만 웹 지메일의 경우에는 색상별로 표시할 수 있습니다(노란색 별표, 파란색 별표, 네모 체크 등).

중요 편지함은 송수신된 메일들과 메모(Notes) 등에서 중요하다고 판단된 메일들이 표시되며, 중요 편지이면서 별표(긴급한) 메일로 동시에 표시될 수 있습니다.

별표는 수신된 메일뿐만 아니라 보낸 편지함, 시스템 라벨 편지함과 사용자 편지함에 모두 표시할 수 있습니다. 사용자들은 자신의 모든 메일에 별표를 붙여 관리할 수 있습니다. 주의해야 할 것은 모든 메일에 별표를 붙이게 되면 정작 중요한 메일, 긴급하게 처리해야 할 메일들과 구분이 되지 않으므로 반드시 처리한 메일들은 별표를 삭제하는 것이 좋습니다. 만약 중요하고 긴급한 메일일 경우에는 별도로 라벨 편지함을 만드는 것도 좋습니다(예 중요 편지함, 장기 편지함).

국내 포털 사이트에서 제공하는 고용량 메일과 지메일에서 제공하는 고용량 메일은 성격이 다릅니다. 국내의 N 메일, D 메일처럼 고용량 메일을 보내기 위해 별도로 ActiveX를 설치할 필요가 없으며, 보낸 메일에 대해 사용 기간 제한도 없습니다.

지메일의 고용량 첨부 파일은 구글 드라이브에 저장한 다음 불러와서 첨부됩니다. 제공하는 고용량 메일은 권한에 따라 수정, 보기, 메모하기 기능 등이 함께 제공되고 있으며, 첨부된 파일에 대한 권한을 지정하면 수신된 메일을 다른 사람에게 전달해도 첨부된 파일을 열어 볼 수 없습니다.

[수정 가능]은 파일을 다운로드 및 수정할 수 있는, 문서 소유자 다음으로 강력한 권한입니다. [메모 작성 가능]은 메일을 받는 수신자들이 자신의 생각을 더할 수 있도록 하여 협업이 가능하도록 돕는 기능으로 수정 가능처럼 파일을 다운로드할 수 있습니다. [보기 가능]은 첨부된 파일을 확인하는 뷰 기능만 제공합니다. 구글 드라이브에서는 수신된 메일의 권한에 따라 수정, 보기, 메모가 가능합니다.

발표 준비 – 구글 프레젠테이션

프레젠테이션을 하는 이유

직장에서 프레젠테이션을 하는 이유는 동기 부여, 정보 제공, 설득을 통해 기업 콘텐츠를 소개하여 계약을 맺기 위한 경우가 대부분입니다. 자사 서비스나 상품에 대해 소비자 대부분은 무관심할 수 있기에 구매를 하는 소비자나 구매를 하고자 하는 상대방에게 서비스나 상품에 대해 관심을 가질 수 있도록 제안해야 합니다. 그렇기 때문에 프레젠테이션을 통해 공신력과 신뢰성을 포함한 정보를 제공해야 합니다. 그렇다고 단순히 정보만을 전달한다고 좋은 결과를 얻을 수 있는 것은 아닙니다. 정보 제공과 함께 구매자나 결정권자가 구체적으로 무엇을 해야 하고 어떻게 행동해야 할지를 안내해 주어야 합니다.

3P에 맞게 만들기

목적(Purpose), 청중(People), 장소(Place)에 맞게 프레젠테이션 파일을 만듭니다. 짧은 시간에 많은 정보를 제공한다고 구매를 결정하는 것이 아닙니다. 프레젠테이션 목적에 맞게 내용을 구성해야 합니다. 그리고 프레젠테이션에 참여하는 결정권자들이 누구인지를 파악하고 프레젠테이션 장소를 사전에 파악해 두어야 합니다.

구매 결정권자 앞에서 프레젠테이션을 할 경우라면 결정권자의 연령, 지역, 성별, 직종이 무엇인지를 파악하고 지적 수준과 주의사항을 반드시 파악한 다음 발표자가 어떤 점을 제안하고 어떤 부분에 이익이 있는지를 정확히 소개해 주어야 합니다.

마지막으로 왜 이 프레젠테이션을 하게 되었는지, 무엇을 제안하는지, 어떻게 하면 제안한 내용을 실현할 수 있으며, 비용과 이익이 얼마나 되는지를 정확하게 표현해야 합니다.

성공하는 프레젠테이션

자료 제공 중심의 보여 주기 프레젠테이션보다 말과 행동을 함께하는 프레젠테이션이어야 합니다. 수많은 슬라이드가 있는 프레젠테이션보다는 청중과 함께 공유하고 호흡하는 프레젠테이션이어야 합니다.

실패하는 프레젠테이션들을 보면 주로 짧은 시간에 많은 정보를 제공하려고 무리하거나 준비가 제대로 되지 않은 경우가 많습니다. 성공하는 프레젠테이션이 되려면 무엇을 말하고자 하는지에 대해 **한 가지 요점에 집중하면서 단순하면서도 명확하게 요점을 발표해야 합니다.**

발표 진행 과정에서 참석자나 결정권자가 관람자가 아닌 참여자가 될 수 있도록 퀴즈를 내거나 질문을 하면서 청중들의 참여를 유도합니다. 내용 중 강조하고 싶은 부분이 있는 경우에는 해당 키워드에 힘을 주어서 말하고 **정말 중요한 내용이라면 잠시 멈춘 후 이야기해야 합니다.** 내용 중 숫자, 인명, 지명, 연대는 천천히 정확하게 발음해야 듣는 사람들이 평안하게 들을 수 있습니다.

발표 시간이 길어질 경우나 분위기가 가라앉으면 유머를 통해 분위기를 전환하는 스킬도 필요합니다.

프레젠테이션 진행 중에는 단순히 읽어 주는 정보 전달보다는 이야기를 통해 프레젠테이션을 전개해야 합니다. **실패하는 프레젠테이션이 읽어 주는 프레젠테이션이라면 성공하는 프레젠테이션은 말하는 프레젠테이션이기 때문입니다.**

말하는 프레젠테이션을 전개할 경우 단순히 이야기만을 늘어놓아서는 안 됩니다. 스토리텔링을 기반으로 하여 전체 내용과 연관을 지어 전개하되 목적에 맞게 이야기를 전개합니다. 사람들을 자극할 목적으로 거짓이나 허구를 이야기할 경우 역효과가 날 수 있기 때문에 반드시 사실을 바탕으로 하되 사람의 이야기를 기반으로 한 소재로 전개합니다.

스토리텔링을 할 때 전체 내용을 어떻게 구성할지, 어디에 에피소드를 넣어서 활력을 더할지를 기획 단계에서부터 준비해야 합니다. 내용을 구성할 때 3-3-3 트리 구조를 활용하여 비슷한 내용은 그룹화하고 단순하면서 임팩트있게 구성합니다.

Note 프레젠테이션 스텝 바이 스텝

프레젠테이션 문서를 작성할 때는 10-20-30 법칙을 기준으로 프레젠테이션을 준비합니다. 20분 발표라면 슬라이드를 열 장 정도 준비하고 글자 크기는 30포인트 정도로 작성합니다. 내용은 결론을 말하고 본론을 말한 다음 미래 지향적인 결론을 이야기하는 순서로 정리합니다.

발표 단계에서 논리적, 시간적 흐름의 구성에 메이다 보면 짧은 시간에 내용을 전부 제시하지 못할 수 있습니다. 제안할 내용이 무엇인지, 그것을 어떻게 실현할지, 무엇을 어떻게 해야 할지에 대해 정확하게 지적해야 합니다.

강의 시작 전에 프레젠테이션 성공 여부가 결정되기에 오프닝 준비를 철저하게 해야 합니다. 시작할 때 청중들의 이목을 잡아 둘 수 있도록 사진과 동영상으로 시작할 수 있습니다.

프레젠테이션을 할 때는 다수의 청중들이 있는 경우 가장 뒷줄을 보며 인사하고 시선은 멀리서부터 제트자(Z)처럼 이동합니다. 만약 결정권자가 회중 속에 있다면 결정권자에게 집중해야 합니다.

3-3-3 트리 구조 구성하기

프레젠테이션에서 내용을 구성할 경우 서론에서부터 왜 프레젠테이션을 하고 있는지, 무엇을 제시하는지, 어떻게 진행할지에 대해 다루며, 본론에서는 어떻게 하면 제시하는 내용을 실현할 수 있을지에 대해 세 가지로 제시합니다. 그런 후 결론에서는 요약, 질의응답, 끝 인사로 마무리합니다.

서론	본론	결론
주제 배경(왜)	본론 1(어떻게)	요약 및 마무리
목표(무엇을)	본론 2(어떻게)	질의응답
결론	본론 3(어떻게)	끝 인사

프레젠테이션 자료 만들기

슬라이드 한 장당 키워드는 다섯 개를 넘지 않도록 내용을 넣어야 합니다. 그렇다고 슬라이드 개수를 너무 많이 만들면 안 됩니다. 10-20-30 법칙에 따라 20분을 발표한다면 슬라이드를 열 장 내외 준비한다는 전제 아래에 슬라이드를 구성해야 합니다.

- 1슬라이드 1메시지(1 Slide, 1 Message)
- 짧고 간결하게(Keep It Short & Simple / KISS)
- 사진이나 동영상, 폰트는 크고 읽기 쉽게(Keep It Large & Legible / KILL)

1슬라이드 1메시지는 문장을 단순화하여 청중들이 오랫동안 기억하도록 하기 위한 것입니다. 사진이나 폰트 역시 크게 표시합니다. 복잡한 내용이나 도표보다는 그림이 청중들의 이해를 도울 수 있기 때문입니다.

파워포인트 문제점

발표 자료를 만들기 위해 밤샘 작업을 하고 발표장에 가서 파워포인트를 열어 프레젠테이션 테스트를 하려고 준비하는데 파일이 열리지 않아 고생한 경험은 없습니까? USB 메모리에는 분명 파워포인트 파일이 있는데 컴퓨터에서는 열리지 않는 경우는 파워포인트가 설치되지 않았거나 작성자가 작업한 파워포인트 버전보다 이전 버전 프로그램이 설치되어 있기 때문입니다. 그렇다고 지금 버전이 맞는 파워포인트를 설치하고 싶어도 프로그램이 없는 경우가 많습니다. 이런 경우라면 오픈 오피스나 구글 프레젠테이션을 실행한 후 해당 파일을 불러오는 것이 최선입니다. 구글 프레젠테이션에서 해당 파일을 불러와 수정하여 발표를 마무리할 수 있습니다.

이 외에도 작업자 컴퓨터에서는 정상적으로 작동되었던 파워포인트 파일이 발표 컴퓨터에서 정상적으로 나타나지 않는 경우가 있습니다. 작업자 컴퓨터에는 해당 폰트가 있는데 발표 컴퓨터에 해당 폰트가 없는 경우에 발생할 수 있는 문제로, 자신의 컴퓨터가 아닌 컴퓨터로 이동할 경우에는 반드시 기본 글꼴로 작업하거나 불편하지만 해당 폰트를 가지고 와서 발표 컴퓨터 안에 해당 폰트를 넣어야 합니다.

구글 프레젠테이션

프로그램 호환성이나 폰트가 맞지 않아 발표 전에 고생한 경험이 있다면 구글 프레젠테이션을 통해 작업하는 것을 권하고 싶습니다.

클라우드 기반의 구글 프레젠테이션은 무료로 사용할 수 있으며 구글 문서나 구글 스프레드시트처럼 설치 없이 웹 기반이나 구글 프레젠테이션 앱을 통해 바로 사용할 수 있습니다.

발표 자료를 준비하거나 프레젠테이션을 해야 할 경우 웹 기반에서 만들고 스마트폰을 통해 발표 자료를 확인하면서 작업하면 편리합니다. 프레젠테이션의 특징상 이미지나 동영상을 넣고 작업할 부분이 많기 때문에 주로 웹 기반에서 작업한다고 보면 좋습니다.

구글 프레젠테이션으로 작업하게 되면 버전 문제와 폰트 문제는 한 번에 해결할 수 있습니다. 물론 파워포인트 기능에는 못 미치는 부분도 있겠지만 특별한 효과를 넣지 않는다면 문제없이 사용할 수 있습니다.

그리고 파워포인트에서 동영상을 송출할 때 소리 문제가 발생하기도 합니다. 소리가 작다면 볼륨을 높이거나 마이크를 컴퓨터 스피커에 갖다 대거나 컴퓨터 사운드 라인을 뽑아서 앰프에 꽂으면 되겠지만 소리 자체가 나오지 않는 경우에는 답이 없는 경우가 많습니다. 만약을 위해 발표 전 발표할 영상을 유튜브에 비공개로 올리고 링크만 연결하면 별 문제 없이 동영상과 소리를 구현할 수 있습니다.

마지막으로 발표 전 오탈자가 발견되는 경우도 있는데, 이런 경우를 사전에 예방하기 위해 구글 프레젠테이션에서는 해당 파일을 팀원들과 공유하고 권한을 수정이나 댓글로 해 놓으면 오탈자가 있는 부분을 찾아서 수정할 수 있게 됩니다.

파워포인트로 발표 자료를 만들고 발표하는 과정 자체를 잘 관리하지 않으면 시간적으로 많은 리스크를 가지게 됩니다. 그렇기 때문에 화려하게 만들기보다는 의미를 잘 전달할 수 있도록 작업 전 수고를 덜 할 수 있는 대안을 마련해야 시간 절감과 함께 프레젠테이션도 긍정적인 결과를 얻게 됩니다.

그리고 프레젠테이션 문서를 만들 때 분량이 너무 많아 시간을 초과하거나 내용이 미흡하여 청중들의 관심이 떨어지지 않도록 유의해야 합니다. 반드시 시간 조절과 함께 예행 연습을 하는 습관을 가져야 시간을 정확하게 지키고 원하는 결과를 얻을 수 있습니다.

[TIP] 프레젠테이션을 하기 전에 먼저 청중들이 누구이며, 그들이 왜 그 자리에 있고, 프레젠테이션을 통해 무엇을 얻고자 하는지에 대해 생각합니다. 프레젠테이션 시간은 정해진 것보다 조금 일찍 마쳐서 질문을 받는 여유를 가져야 하고, 많은 정보를 전달하기보다는 정확하고 임팩트 있게 전달해야 합니다.

스마트폰에서 프레젠테이션을 하려면 파워포인트 앱이나 구글 프레젠테이션 앱을 사용하며, 프로젝터나 대형 TV와 연결하는 올쉐어 캐스터 동글이나 스크린 미러링을 먼저 설정한 다음 사용합니다. 유선 케이블을 스마트폰에 연결할 수도 있지만 선이 손에 걸려서 사용하기 불편할 수 있습니다.

올쉐어 캐스트나 스크린 미러링 하드웨어는 단말기 회사에서 제공하는 매뉴얼을 참고하여 설치합니다. 단말기 종류에 따라 사용 방법이 다양합니다.

① 앱 스토어에서 Google 프레젠테이션을 설치합니다. 설치한 다음 [열기] 버튼을 터치하여 프로그램을 실행합니다. 구글 아이디로 로그인합니다.
프레젠테이션할 파일을 검색을 통해 찾거나 아랫부분에서 최근에 사용한 프레젠테이션 파일을 찾아 터치합니다.

② 스프린트 제안서를 터치하여 파일을 열면 아래에 슬라이드가 보입니다. 해당 슬라이드를 터치하면 해당 슬라이드 화면이 송출되며, 재생 아이콘(▶)을 터치한 다음 화면을 터치하면 슬라이드가 넘어갑니다.
윗부분에 있는 사람 모양 아이콘(+🙍)을 터치하고 사용자를 추가한 다음 권한을 설정할 수 있

습니다. 사용자는 반드시 지메일 사용자여야 하며, 권한 지정은 수정, 댓글, 보기 중에서 선택할 수 있습니다.

구글 프레젠테이션은 마이크로소프트 오피스 중 파워포인트에 해당하는 프로그램으로, 프레젠테이션 파일 제작 및 저장이 가능합니다. 기존의 파워포인트 파일을 불러와 작업하거나 구글 프레젠테이션에서 파일을 만들 수 있습니다. 문서를 작업할 때 협업을 통해 문서를 작성한 다음 해당 파일을 홈페이지, 블로그, 인트라넷에 게시하여 프레젠테이션할 수 있습니다.

① 구글 드라이브에서 오른쪽 아랫부분에 있는 + 아이콘을 터치하고 [Google 프레젠테이션]을 터치합니다. 구글 프레젠테이션을 만들 때 새 프레젠테이션 파일을 선택할지 템플릿에서 골라서 작업할지를 선택합니다. [새 프레젠테이션]을 선택하면 빈 화면에서 작업을 시작합니다.

② 빈 화면의 새 프레젠테이션을 선택하든 템플릿을 선택하든 어떤 메뉴를 선택할지라도 슬라이드를 추가하거나 삭제해야 할 경우가 발생합니다. 오른쪽 아랫부분에서 사각형에 더하기 모양 아이콘을 터치하면 슬라이드를 추가할 수 있습니다.

윗부분에서 + 아이콘을 터치하면 댓글, 텍스트, 이미지, 도형, 선, 표 등을 삽입할 수 있습니다.

③ 슬라이드 추가 아이콘을 터치하
면 제목 슬라이드, 섹션 헤더, 제
목과 본문 등의 슬라이드가 나
옵니다. 이때 원하는 슬라이드
를 터치하면 슬라이드가 추가
됩니다.

윗부분에서 사람 모양 아이콘
을 터치하면 공동작업자들을 추
가하고 권한을 지정할 수 있습
니다.

만약 슬라이드가 잘못 추가된 경우나 필요 없는 슬라이드일 경우에는 아랫부분에 있는 슬라
이드를 길게 누르면 윗부분에 아이콘이 표시됩니다. 점 세 개 아이콘을 클릭하고 [삭제]를 터
치하면 슬라이드가 삭제됩니다.

④ 프레젠테이션 윗부분 메뉴 중
에 재생 모양 삼각형을 터치하
고 [이 기기에서 프레젠테이션
보기]를 터치하면 프레젠테이션
이 실행됩니다.

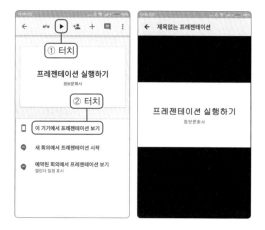

⑤ 점 세 개 아이콘을 터치하고 [테마 변경]을 실행해 원하는 테마를 선정하여 변경할 수 있습니다. [공유 및 내보내기]는 다른 사람과 함께 작업을 해야 할 경우에 사용하는 메뉴입니다. 공유는 행아웃, 블로그, 홈페이지 등에 해당 프레젠테이션 파일을 공유할 목적으로 사용되고 내보내기는 온라인이 아닌 상태에서 프레젠

테이션을 할 경우를 대비하여 해당 파일을 스마트폰이나 태블릿 PC에 저장하기 위해 사용됩니다.

테마를 변경하면 작성한 글자나 위치 등을 재조절해야 경우가 발생합니다. 테마 변경은 초기 슬라이드를 만들 때 하는 것이 시간을 절약할 수 있습니다. 만약 부득이하게 변경한다면 만든 슬라이드에 영향을 주었다는 전제 아래에 다시 점검해야 합니다.

[다른 이름으로 저장]을 터치하면 PPTX, PDF, JPG, TXT 등으로 저장할 수 있습니다.

Note 프레젠테이션에 도움이 되는 앱(안드로이드 기준)

안드로이드 기준으로 프레젠테이션에 도움되는 앱을 소개합니다. 아이폰에서도 유사 기능을 가진 앱들이 있으므로, 해당 앱이 없을 경우 유사 기능을 가진 앱을 찾아 활용하길 바랍니다.

① 프레젠테이션 타이머 앱

발표자가 발표 시간 안에 발표를 할 수 있도록 돕는 앱입니다. 앱을 실행한 다음 발표 시간에 맞추면 발표 마감 전에 확인할 수 있도록 지원하고 있습니다. 단순한 UI를 가지고 있으며 직관적이어서 사용하기 편합니다. 프로그램을 구동하면 프레젠테이션 길이나 종료 시간을 확인할 수 있습니다. 녹색은 예약된 시간에서 남은 시간을, 주황색은 흐른 시간을, 빨간색은 프레젠테이션에 남은 시간을 표시해 주고, 보라색은 초과된 시간을 보여 줍니다.

기능 및 지원이 바뀌거나 화면이 변경될 수 있습니다.

② 파워포인트 리모콘 앱

컴퓨터에 설치된 프레젠테이션 파일을 스마트폰을 이용하여 원격 조정하는 앱입니다. 스마트폰을 활용하여 파워포인트를 원격으로 조정하여 실행할 수 있는데 사전에 와이파이와 연결되어 있어야 사용할 수 있습니다.

③ 발표 연습 앱

발표 전에 발표자가 자신의 모습이나 발표 시간 등을 확인하기 위해 사용하는 앱입니다. 발표 연습을 할 때 영상 품질을 조정할 수 있으며 전후 카메라를 선택하여 녹화할 수 있습니다. 녹화할 때 발표 시간을 설정할 수 있어서 남은 시간을 표시해 줍니다. 설정된 시간이 되면 타이머 기능이 작동되어 타종 소리로 알려 줍니다. 만약 후면 카메라를 사용할 경우에는 LED로 알려 줍니다.

1 목표 관리, 일정 관리, 할 일 관리를 위한 자신만의 프레임워크를 만들어 보세요.

2 목표 일정, 개인 일정, 업무 일정을 구글 캘린더에 각각 작성해 보고 자신만의 원칙을 정해 보세요.

3 인맥들을 파레토의 법칙에 따라 구분하여 관리할 경우 어떤 변화가 있을 것 같나요?

4 불필요한 인맥과 필요한 인맥은 어느 정도인가요?

5 반드시 기억해야 할 인맥들의 이름, 생년월일, 연락처, 취향 등을 작성해 보세요.

군인들의 시간 관리

군대에 가면 자기 개발을 할 수 없다는 생각은 잘못된 생각입니다. 군대에 가서 자격증 시험을 쳐서 합격한 사람들이나 제대 후 취업을 위해 각종 시험을 대비하는 사람들을 어렵지 않게 찾아 볼 수 있습니다. 문제는 18개월이라는 시간을 어떻게 써야 할지, 무엇을 해야 할지를 정확하게 정하지 못했기에 시간을 허비하는 경우가 많다는 것입니다.

군대에서 자기 자신을 위해 자기 개발을 하고 노력하는 사람만이 시간 관리를 하고 이를 통해 무언가를 해 내고 맙니다. 군인들의 시간 관리법은 군대에서와 제대 후에 도움이 될 수 있는 팁입니다.

1 지금 자신의 계급에서 가용할 수 있는 시간은 얼마인지 파악해야 합니다.

계급에 따라 자기 개발을 위해 사용할 수 있는 가용 시간이 달라질 수밖에 없습니다. 자신의 가용 시간을 알아야 시간을 적절하게 배분할 수 있고, 그 시간을 가지고 목표를 세울 수 있습니다. 일과를 시작하기 전과 일과를 마친 후에 주어지는 시간은 기본이며, 그 외에도 자투리 시간을 확인하고 이 시간에 무엇을 할 수 있는지를 생각해야 합니다. 기상 시간, 아침 점호, 아침 식사, 간단한 세안 후 일과 시작하기 전, 여기에는 자투리 시간이 있습니다. 이 시간에 무엇을 할지를 생각하고 이 시간을 활용할 수 있도록 시간을 계획해야 합니다.

아침, 점심, 저녁 식사 시간과 저녁 점호 전까지의 시간은 나름대로 규칙적으로 무언가를 할 수 있는 시간입니다. 식사 시간 각각을 잘 사용하면 하루에 최소 한 시간 정도의 시간을 벌 수 있고 점호 시간 역시 두세 시간의 여유를 가질 수 있습니다.

2 자신의 시간을 시각화하기 위해 수첩을 사용합니다.

월간 계획, 주간 계획, 일일 계획을 적을 수 있는 수첩을 이용하여 시간을 관리합니다. 최근에는 일과 시간 이후에 스마트폰이나 컴퓨터를 사용할 수 있어서 자신의 일정을 관리할 수 있다지만 그래도 평소에 스마트폰을 소지할 수 없기 때문에 수첩을 이용하여 시간을 관리하는 것도 좋은 시간 관리 방법입니다. 일정표를 계획할 경우 사회인들처럼 연간 계획을 세우거나 월간 계획을 세우기 힘든 경우가 많기 때문에 주 단위로 계획을 잡도록 합니다. 한 주간 공부해야 할 부분을 정하고 주 단위로 계획한 다음 실천해 나갑니다.

3 제대 후 무엇을 할 것인지 고민한 다음 목표를 설정합니다.

자투리 시간과 일과 이후 시간을 활용할 수 있다고 해도 자신의 목표가 정확하지 않거나 대충 세웠었다면 어느 시점에 가면 좌절하여 포기하는 경우가 발생합니다. 자신의 목표를 정확히 설정해야 실천이 가능합니다. 이 목표가 제대 후 직업과 연관되어 있다면 목표를 이루는 데 힘을 얻을 수 있습니다. 18개월 후 무엇을 해야겠다는 것이 너무 멀게 느껴진다면 바로 군에서 1년에 한두 개 정도의 자격증을 취득한다는 목표를 세워도 좋습니다. 이처럼 목표를 정하고 난 다음 자신의 시간 관리가 시작된다면 의미 있는 군 생활을 하게 될 것입니다.

시간 솔루션

TIME MANAGEMENT

ALERTS

Chapter 1 시간 관리 - 위임, 협업, 회의, 거절

Chapter 2 문서 관리 - 원 플랫폼, 원 드라이브, 원 도큐먼트

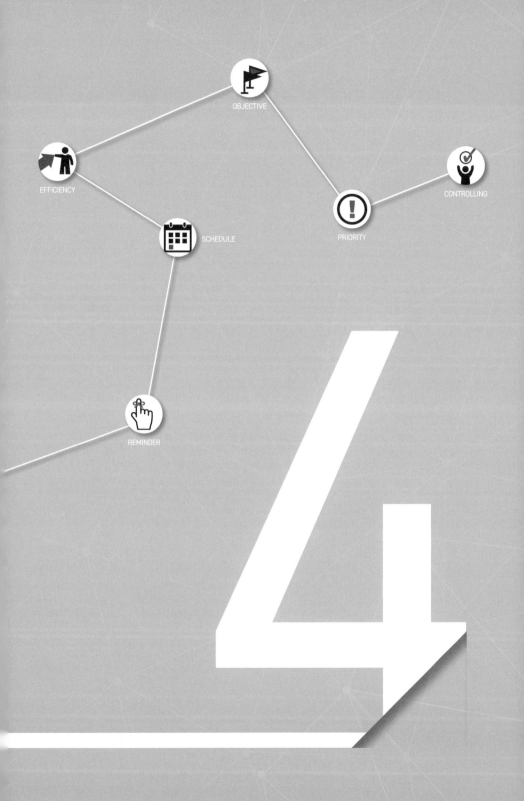

잃어버린 시간은
절대 되찾을 수 없다.
_____ 속담

시간을 활용하라.
적기를 놓치지 말라.
_____ 윌리엄 셰익스피어

많은 사람이 거의 동날 때까지
돈을 관리하지 않는다.
시간의 경우도 마찬가지다.
_____ 괴테

성공적으로 마무리한 하나의 일은
마무리하지 못한 50개의 일만큼 가치가 있다.
_____ 말콤 포브스

작은 일들을 하는 동안 큰 일을 생각해야 한다.
그래야 작은 일들이 올바른 방향으로 나아간다.
_____ 앨빈 토플러

잘못된 일을 빨리 하는 것보다
올바른 일을 느리게 하는 것이 낫다.
_____ 피터툴라

시간을 지배할 줄 아는 사람은
인생을 지배할 줄 아는 사람이다.
_____ 에센바흐

01

시간 관리
– 위임, 협업, 회의, 거절

목적, 내용, 순서 생각하기

일을 처리하기 전에 업무 목적과 내용을 파악하고 순서대로 일을 처리하는 것이 효과적입니다. 무조건 일을 하다 보면 중복되거나 누락되어 처음부터 다시 해야 할 경우가 발생하기 때문입니다. 로직 트리를 통해 일을 분해하고 MECE(누락과 중복 없이)로 일을 처리해야 합니다.

일의 순서란 IPO(Input–Process–Output)라고 하는데, 특정한 일을 시작하기 전에 준비할 것과 일의 결과까지 파악해 두어야 합니다. 이를 위해 5W2H를 기반으로 하는 사고가 필요하며 GTD(Getting Things Done) 원칙을 지켜야 합니다. GTD 원칙은 다음과 같습니다.

① 일을 개별 작업으로 분해하고 처리합니다.
② 시간이 걸리지 않는 일은 미루지 말고 바로 처리합니다.
③ 보이는 대로 처리하기보다 작업 전 순서를 정하고 처리합니다.
④ 아날로그와 디지털을 효과적으로 사용하여 일을 처리합니다.
⑤ 할 일 리스트는 매일 갱신합니다. 전날에 할 일 목록을 작성합니다.
⑥ 여유 시간을 두고 계획을 잡으며, 반복적인 일은 매뉴얼화하여 처리합니다.
　 매뉴얼화하면 작업 효율이 높아질 뿐만 아니라 실수를 줄이고 어렵지 않게 일을 처리할 수 있습니다.

중요성과 긴급성에 따라 처리하기

아이젠하워 법칙▶26쪽 참고에 따라 일의 중요성과 긴급성을 파악하기 위해 리스트를 작성하고 분류한 다음 일정을 재정리합니다.

스마트폰이나 태블릿 PC로 시간을 관리하거나 할 일을 관리할 경우 일의 중요성과 긴급성이 혼동되는 경우가 발생합니다. 일을 디지털로 관리하면 캘린더에 일정을 저장하고 검색할 수 있어서 효과적으로 관리할 수 있지만 우선순위를 정하기 쉽지 않을 수 있습니다.

더욱이 개인 업무와 회사 업무가 연결된 경우, 구분이 애매해질 경우가 많습니다. 이런 경우 아날로그로 시간이나 업무를 관리할 때 **4색 펜과 3색 포스트잇을 이용**하면 편리하게 업무를 분류하고 **중요성과 긴급성을 구분**할 수 있는데 디지털로 할 경우에는 나름대로의 원칙을 가지고 이 작업을 해야 합니다. 예를 들면 **라벨에 따라** 개인 업무와 회사 업무를 구별하거나 중요도에 따라 색상을 달리하는 것입니다. 이런 원리에 따라 구글 캘린더나 구글 킵, 지태스크 등에 색상 라벨을 붙여 중요도나 긴급성을 표시한 다음 해당 일정이나 업무를 어떻게 처리할 것인지 결정하게 됩니다. 만약 이러한 일을 처리하기가 힘든 경우라면 회의를 통해 진행합니다.

필자의 경우 중요하거나 긴급한 일은 빨간색 펜으로 작성하고, 중요하지만 긴급하지 않은 일은 파란색 펜으로, 긴급하지만 중요하지 않는 것은 검은색 펜으로, 일에 대한 생각이나 아이디어는 초록색 펜으로 표시하면서 일과 아이디어를 구분하고 구글 캘린더와 구글 지태스트, 구글 킵 등에서 색상 라벨을 통해 구분한 후 업무를 처리합니다.

그리고 개인 업무와 회사업무, 비젼(자기관리)을 분류할 때 포스트잇을 활용하는데 그렇게 하면 자연스럽게 개인 업무와 회사 업무를 구분할 수 있으며, 나아가 중요도와 긴급성에 따른 업무도 분류할 수 있습니다.

구글 킵을 포스트잇처럼 활용하여 업무에 적용하고 필요에 따라 협업을 하기 위해 공유합니다.

이처럼 분류된 업무를 구글 캘린더와 구글 킵에 등록하기만 하면 업무를 진행할 수 있습니다. 만약 업무의 성격에 따라 협업을 해야 할 경우라면 구글 캘린더와 구글 드라이브를 통해 자료나 일정을 공유합니다.

이 외에도 직접 만나서 면 대 면으로 회의를 해야 할 경우라면, 반드시 일정을 잡아서 회의를 진행합니다. 회의를 진행할 때 일정과 회의 내용을 문서나 구글 캘린더로 공유하고 해야 할 일은 구글 킵을 통해 공유하기 때문에 회의 진행자나 참석자 모두가 자신의 시간을 최대한 확보하면서 효율적으로 일을 처리할 수 있게 됩니다.

담당 한계 정하고 나누기

회사에게 가장 시간을 많이 빼앗기는 부분은 바로 회의입니다. 자신의 업무와 상관없는데 누군가의 부탁으로 들어가거나 상사가 참석하라고 지시했기에 어쩔 수 없이 가는 경우가 많습니다.

그런데 그 회의에서 본의 아니게 자신의 업무와 동떨어진 부분을 반 강제적으로 맡게 될 경우라면 업무가 과중해질 것은 뻔한 일입니다. 그렇기 때문에 자신의 업무의 한계를 정확하게 파악하고 자신이 할 수 있는지 못하는지를 파악하여 정확하게 의견을 제시해야 합니다.

회의 진행자라면 회의 직후, 결정된 사항에 대해 누가 이 업무를 담당하고, 처리해야 할지를 정확하게 확인한 다음 지정해야 합니다. 그렇지 않으면 의결된 사항이 제대로 처리되지 않거나, 지연되는 경우가 많습니다.

담당자는 회의 내용이나 진행사항을 구글 문서를 통해 작성하면서 그 내용을 공유하고 참석자들은 실시간으로 작성되는 회의 내용 중에 미비한 사항이나 잘못된 부분을 보충하여 기록합니다.

더욱이 해야 할 일을 나누어서 협업을 통해 처리하게 되면 일에 대한 부담감을 줄이면서 부족한 부분을 전문가의 도움이나 실무자의 협조로 빠르게 처리할 수 있습니다. 특히 문서를 작성하거나 기획할 경우라면 구글 드라이브를 이용해 협업으로 작성하면 좋습니다.

거절하기

자신의 일이 아닌데 누군가의 부탁으로 무조건 일을 맡게 되면 자신이 처리해야 할 일을 하지 못해 상사로부터 질책을 받는 경우가 많습니다. 인간관계 차원에서 한두 번은 예의상 남의 일을 맡을 수 있겠지만 자신이 지금 급하고 중요한 일을 처리해야 할 경우라면 충분히 양해를 구한 후 거절해야 합니다.

내가 아니면 그 일을 도저히 처리할 수 없다면 거절하지 못하겠지만 나 외에 누군가가 처리할 수 있는 일이거나, 중요하고 긴급한 일이 아니거나, 형식적으로 요청한 일을 무조건 맡게 되면 시간을 낭비하거나 일을 제대로 처리하지 못하는 상황이 일어납니다. 그렇기 때문에 이런 상황이 벌어지지 않도록 거절하는 습관을 길러야 합니다.

문서와 일정은 반드시 공유하기

일을 맡아 처리할 경우, 구글 캘린더를 통해 일정을 관리해야 합니다. 일정과 관련된 참석자들을 파악하고 그들을 초대한 다음 일정을 공유합니다. 만약 회의에 참석할 수 없는 상황에 처한 담당자들이 있다면 화상 회의를 요청하고 그들도 참여하게 해야 합니다.

회의에 필요한 문서가 사전에 준비되었다면 구글 캘린더의 첨부 기능을 통해 문서를 업로드해 놓습니다. 그러면 참석자들은 회의 전에 회의 내용을 파악할 수 있어 빠르게 업무 처리가 이루어집니다. 구글 캘린더에 첨부되는 문서는 구글 드라이브 안에 있는 구글 문서나 프레젠테이션으로 작성한 다음 공유합니다.

Note 육하원칙에 따라 회의 기록하기

회의록을 읽으면 회의할 때 어떻게 회의가 진행되었는지를 알 수 있어야 합니다. 회의록을 기록하는 사람은 반드시 육하원칙에 따라 기록합니다. 그래야만 회의록을 작성하는 사람이나 추후에 회의록을 읽는 사람들이 핵심을 정확하게 파악할 수 있기 때문입니다.

여기서 육하원칙에 하나를 더 한다면, 예산과 관련된 부분을 추가할 수 있습니다. 즉, 5W2H 형태로 작성하고, 반드시 누가(Who) 담당할지를 명확하게 표시해야 합니다. 그리고 예산과 관련된 부분인 How Much를 체크해야 합니다. 만약 회의 중에 예산 관련 내용이 확인할 수 없거나 부정확할 경우라면 담당자는 실무자와 협의하여 결정한 다음 공유합니다.

육하원칙 + 1

Why	왜	회의 목적, 배경
What	무엇을	논의 주제, 의결 사항
How	어떻게	향후 일정, 세부 방향, 해결 대안
Where	어디에	회의 장소
When	언제	회의 시간(시작과 종료)
Who	누가	회의 참석자
How Much	얼마나	예산, 비용

회의록은 회의 전에 반드시 육하원칙에 따라 사전에 미리 작성하고 논의 주제별로 분류한 다음 관련 내용을 삽입하는 형태로 작성합니다. 그러면 빈 부분을 쉽게 파악할 수 있습니다. 회의할 때 나오는 이름과 주요 키워드는 약속된 약어로 작성합니다. 풀네임으로 작성하거나 문장으로 하려고 하면 제대로 작성하기가 어렵습니다. 물론 오탈자가 반드시 생기지만 회의를 완료하고 수정할 수 있기 때문에 회의에 집중해야 합니다.

회의를 진행할 때 발언이나 동의 재청이 많은 경우, 약자로 기록해 놓고 그래도 작성자가 원활하게 기록을 할 수 없을 경우가 있으므로 회의 내용을 사전에 녹음할 수 있도록 동의를 구한 후 작성합니다. 이렇게 녹음을 하게 되면 회의 중에 욕설이나 속어를 사용하는 횟수를 줄이는 효과를 얻을 수 있습니다. 그럼에도 불구하고 이런 현상이 나올 경우라면 욕설이나 속어 등을 부드럽게 표현하여 작성합니다.

협업으로 문서 작성하기

구글 드라이브에서 가장 즐겨 사용하는 도큐먼트, 스프레드시트, 프레젠테이션, 설문지 공유를 통해 업무 협업이 가능합니다.

프로그램 각각의 공유 방법을 익혀야 작업이 원활하게 진행되며 나아가 시간 절감 효과가 뒤따라 옵니다. 특히 직장에서 대외비 문서일 경우 보안 문제도 뒤따라 올 수 있습니다. 그렇다고 보내지 않을 수 없는 경우가 많습니다.

회사에서 기존 문서를 첨부해서 보낼 경우 다운로드한 다음 재첨부하여 발송할 때 보안 문제는 불가분합니다. 그러나 구글의 공유 기능을 이용하면 특정인만 해당 문서를 열람하거나 수정, 댓글을 달 수 있게 하여 보안 문제를 간단하게 해결할 수 있습니다. 만약 누군가가 첨부 관련 링크를 재전송해서 보낼지라도 권한이 없기 때문에 파일 열람 자체가 되지 않습니다. 이 외에도 구글 킵을 통해 메모나 아이디어를 공유하여 업무의 효율화와 시간 절감을 동시에 얻을 수 있습니다.

재점검하기

문서를 공유하게 되면 문서가 제대로 구성되었는지 살펴보아야 합니다. 기본적인 틀이 갖춰져 있는지, 문서를 읽으면서 의문점이 생기는 곳이 어디인지, 핵심이 정확하게 파악되는지, 문제에 대한 대안이 제대로 보이는지에 대해 살펴보아야 합니다.

일반적으로 기본적인 틀을 갖추지 못한 문서는 대체적으로 목차 구성이 제대로 되지 않은 경우입니다. 왜(Why) 이 문서를 검토해야 하는지, 어떤 이유로 이렇게 추진하게 되었는지에 대해 살펴본 다음 문서를 작성하는 시기의 현황과 문제점을 정확하게 지적할 수 있어야 합니다.

그런 후 어떻게 하면 이런 문제를 해결할지에 대해 목차에서 보여 주어야 하고 논리적으로 무엇을, 왜, 어떻게 할지를 정확하게 설명할 수 있어야 합니다. 그러기 위해 장황한 설명보다는 단순하지만 임팩트하게 무엇을, 왜, 어떻게 할지 문제점과 대안을 설명하되 한두 줄의 문장으로 표시하고 시각화를 통해 그림이나 도형 등으로 대안을 제시할 수 있도록 합니다.

문제점 한 개를 제시했다면 솔루션 한 개를 제시하고, 문제점 두 개를 제시했다면 솔루션 두 개를 함께 제공해야 합니다. 개수와 순서에 맞게 한 문장으로 서술합니다. 작성자가 만든 문서에서 핵심이 무엇인지를 파악할 수 있도록 합니다.

업무량 편차 줄이기

일을 하다 보면 일이 특정 요일이나 시간에 몰리는 경우가 있습니다. 바쁜 때나 한가한 때의 편차를 줄여야 합니다. 특히 직장에서 사람들마다 일의 특성이 달라서 누구는 바쁜데 누구는 한가롭게 커피를 마실 수도 있기 때문에 개인과 개인 사이 일의 편차를 줄여 평준화하는 것도 중요합니다.

자신의 일을 구글 문서로 작성하고 일 분배를 어떻게 해야 할지 검토합니다. 만약 비교적 여유가 있는 시간대가 있다면 당장 해야 할 일을 그때 처리하고 중요한 일은 사전에 조금씩 합니다. 그리고 바쁜 사람과 한가한 사람의 업무량을 객관적으로 분석하여 일을 조절합니다.

일이 너무 많으면 불필요한 일을 가감하게 버리거나 위임해야 하고 업무량에 따라 일을 조절하여 편차를 줄여야 일의 효율성도 함께 높일 수 있습니다.

회의는 원 페이지 서류로 진행하기

모든 회의 서류는 5W2H 형태로 작성하되 반드시 **원 페이지로 구성**합니다. 회의 전에 관련 내용을 구글 드라이브로 공유한 다음 회의를 진행하면 시간 절감과 함께 일의 효율성을 높일 수 있습니다.

회의 자료는 지메일과 구글 캘린더를 통해 공유합니다. 회의 전에 알아야 할 정보나 자료는 회의 일정에 있는 파일 첨부를 통해 공유하고, 회의를 마친 후에는 결과 보고서를 구글 문서로 작성한 다음 공유합니다. 그리고 당일 회의 자료는 프레젠테이션 파일로 작성하게 되면 별도의 유인물이 필요 없기 때문에 직장에서 페이퍼리스 효과를 얻게 될 것입니다.

회의를 진행할 때 구글 드라이브에 등록된 자료를 열람하면서 회의를 진행하고, 중간에 질문이 있는 경우 해당 문서의 메모 기능이나 구글 킵을 통해 질문을 메모하면 회의 중간이나 마무리할 때 질의한 내용을 답변할 수 있게 되고, 나아가 참석자들의 궁금점을 해결할 수 있습니다.

회의 진행자는 회의 의사록을 작성할 때 구글 문서로 작성하고 공유합니다. 참석자들은 회의 중에 어떤 내용으로 진행되고 있는지 확인할 수 있고 중간에 들어온 참석자도 회의의 전체적인 내용과 분위기를 파악하는 데 도움이 될 수 있으며, 회의를 할 때 당일 핵심 회의 의사록의 내용을 파악할 수 있고, 잘못된 내용이나 수정해야 할 내용도 한눈에 확인할 수 있게 됩니다. 만약 회의를 위해 설문 조사를 해야 할 경우가 발생한다면 구글 설문지를 이용하여 사전 정보를 수집하고 회의에 관련 내용을 삽입하여 회의에 참고 자료로 활용할 수 있습니다.

> **[TIP]** 최근 기업들은 파워포인트 보고서를 금지하고 있습니다. 슬라이드 수십 장을 만드는 시간과 노력이 비생산적이기 때문입니다. 물론 프레젠테이션을 통해 청중들을 설득하는 강사라면 모를까 사내에서 업무 보고를 위해 프레젠테이션 파일을 만들어 보고할 필요까지 없는 경우가 많습니다. 그렇다고 원 페이지 보고서를 만드는 것도 쉽지 않습니다.
>
> 원 페이지 문서를 만들기 위해서는 이 보고서가 왜 만들어졌는지, 그리고 이 보고서를 보는 사람이나 결재하는 사람이 누구인지를 정확하게 파악한 다음 작성합니다. 마지막으로 보고서가 말하고자 하는 대안과 그 방법까지 한눈에 확인할 수 있어야 좋은 보고서입니다.

원 페이지 보고서는 말 그대로 한 페이지로 핵심을 전달하는 보고서로, 장황한 설명보다는 핵심만 전달하는 문서이기 때문에 의사를 결정하는 대표나 결정권자에게 포커스를 맞추어서 보고서를 작성합니다.

원 페이지 보고서를 작성할 때 제목은 핵심 키워드를 중심으로 작성하되 두 줄 이내로 작성해야 합니다. 원 페이지 보고서를 작성할 때 문서 성격이 해결 방안인지, 계획안인지, 개선 방안인지를 정확하게 표시해야 합니다. 애매하게 원 페이지 문서를 만들 경우 결정권자로부터 결재가 거부되거나 보류될 가능성이 높습니다.

두 번째로 원 페이지 보고서를 작성할 때 전체 상황을 짧게 제시하되 세 줄 이내로 제시합니다. 작성자가 무엇을 말하고자 하는지에 대해 정확하게 표시하되 장황하게 문장을 늘려서 적어서는 안 됩니다.

그런 다음 현재 상황에서 문제가 되는 원인이 무엇인지를 세 가지 정도 제시하고, 개선 방향과 문제에 대한 솔루션을 세 가지 정도 제시해야 합니다. 이를 이루기 위해 일정과 담당자, 소요 인력, 소요 예산 등을 파악한 다음 보고서에 삽입합니다.

• Why : 제안 배경 세 가지(문제점)
• What : 제안 내용 한 가지(핵심 제안 사항을 한 문장이나 이미지로 제시)
• How : 실행 방안 세 가지(솔루션) : 제안 배경에서 제시한 문제점을 해결할 수 있는 방안
• If : 기대 효과(실행 결과 예상되는 기대 효과)

원 페이지 보고서

Why	제안 배경 1	제안 배경 2	제안 배경 3
What	제안 내용 한 가지(문장, 이미지)		
How	실행 방안 1	실행 방안 2	실행 방안 3
If	기대 효과		

02

문서 관리
– 원 플랫폼, 원 드라이브, 원 도큐먼트

문서 관리에서 가장 중요한 원칙은 최소한의 도구만을 사용하여 스마트 기기와 문서, 사진, 동영상을 관리할 수 있어야 한다는 것입니다. 원 플랫폼과 원 드라이브, 원 도큐먼트로 문서를 관리하게 되면 필요한 서류를 빠르게 검색할 수 있게 되고 정리된 자료와 정보를 바탕으로 과거의 업무나 노하우를 통해 업무를 원활하게 처리할 수 있어 자료 검색과 관리에 대한 스트레스가 줄어 효율적이고, 나아가 창의적인 작업을 하는 시간을 가질 수 있게 됩니다.

원 플랫폼으로 스마트 기기 관리하기

기업이나 사회에서 가장 많이 사용하는 운영체제는 윈도우입니다. 도스 이후 윈도우는 많은 변화를 거치며 PC 기반의 운영체제에서 태블릿 PC, 스마트폰 운영체제에 이르기까지 다양한 단말기에서 선전을 보여 주고 있는 것도 사실입니다.

그러나 스마트폰이 세상에 나온 이후부터 운영체제에도 크고 작은 변화가 일어났습니다. 리눅스 기반 노트북과 컴퓨터, 애플 맥북, 구글 크롬북 등이 등장하였습니다.

특히 구글에서 제공하는 스마트폰 운영체제인 안드로이드는 전 세계 80% 정도의 점유율을 차지할 정도로 점유율이 높고 무료로 제공하기에 스마트폰 제조업체들이 많이 사용하고 있습니다.

구글 안드로이드 계열의 스마트폰 다음으로 아이폰은 점유율이 10% 초반 대에 이르고 있지만 매니아 층이 강력합니다. 그러나 윈도우 계열의 스마트폰은 컴퓨터와 달리 점유율이 겨우 7% 정도 밖에 안 됩니다.

이처럼 구글 안드로이드 운영체제는 스마트폰을 사용하는 10명 중에 8명이 사용할 정도로 점유율이 높고 보급률이 뛰어나기 때문에 어렵지 않게 단말기를 접할 수 있으며, 윈도우 기반의 구글 크롬 브라우저와 완벽하게 연동되기 때문에 윈도우 기반 노트북이나 컴퓨터에서도 크롬 브라우저만 사용하면 모든 자료를 동기화를 통해 쉽게 공유할 수 있습니다.

구글에서 제공하는 안드로이드 폰, 윈도우 기반 크롬 브라우저, 크롬북은 다른 운영체제처럼 보이지만 구글 계정만 있으면 구글이라는 하나의 플랫폼 속에서 자료와 정보들을 공유할 수 있어 언제 어디서나 업무를 처리할 수 있습니다.

원 드라이브로 원 스톱으로 관리하기

우리나라에서는 문서를 작성할 때 주로 한글, 워드를 사용하며, 수치 계산을 위해 엑셀을, 프레젠테이션을 위해 파워포인트를 사용하는 것이 일반적입니다. 운영체제는 윈도우를 사용하는데, 문서 제작은 한글, 프레젠테이션은 파워포인트, 계산은 엑셀을 사용하다 보니 필요에 따라 응용 프로그램을 설치해야 하고 글꼴도 별도로 설치해야 합니다. 그래서 버전과 폰트 문제 때문에 문서가 엉망이 되는 경우도 종종 있습니다.

그렇다면 사진과 동영상은 어떨까요? 사진과 동영상의 작업 공간과 저장 공간이 따로 있다 보니 자료가 어디에 저장되어 있는지 몰라서 이곳저곳 찾아다닌 것이 한두 번이 아닐 것입니다. 컴퓨터 안에 저장하거나 외장 하드 디스크, USB 메모리 등 다양한 저장 매체를 사용하다 보니 나름대로 대안이 없으면 파일들을 제대로 관리할 수 없습니다.

그러나 구글과 같은 클라우드 기반의 운영체제나 저장 공간을 사용하면 상황이 달라집니다. 기존 워드나 한글로 만든 문서를 클라우드 기반에서 작성하고 자동으로 저장할 수 있습니다. 특히 스마트폰으로 찍은 사진과 동영상은 동기화를 통해 구글 포토에 업로드되기 때문에 관리하는 데 시간을 별도로 내지 않아도 됩니다. 문서를 작성할 때 구글 포토에 있는 사진들을 쉽게 불러올 수 있어서 복사하거나 이동하는 시간을 줄일 수 있습니다. 첨부하는 이미지도 클라우드 기반에서 관리 운용되기 때문에 저장 공간의 문제가 발생하지 않습니다.

구글 플랫폼으로 문서 작성과 저장 공간을 함께 제공하는 구글 드라이브는 원 드라이브로서의 역할을 충분히 감당하고 있습니다.

고화질 영상도 유튜브에 올릴 수 있기 때문에 트래픽이나 용량 문제가 없습니다. 특히 유튜브로 공유한 자료는 프레젠테이션 문서를 만드는 데도 쉽게 사용할 수 있습니다.

원 도큐먼트 사용하기

한글이나 워드 문서들은 저장할 때마다 파일이 계속 만들어지고, 만든 파일을 첨부해서 보내면 수정하는 과정 속에서 또 파일이 만들어집니다. 이런 과정을 몇 번만 반복하면 수많은 문서들이 만들어지고 시간이 지나면 어떤 파일이 원본인지 혼동될 때도 있습니다.

그러나 구글에서 제공하는 구글 문서나 구글 스프레드시트, 구글 프레젠테이션으로 만든 파일은 공유 기능을 통해 협업하여 작성할 수 있고 하나의 도큐먼트에서 파일을 처리하기 때문에 하나의 원본으로 작업을 할 수 있습니다.

간혹 하나의 원본으로 작업하면 누군가가 실수로 문서를 조작할 경우 골치 아프지 않을까 하고 염려할 수 있을지 모르지만 구글에서는 문서의 이전 버전까지 저장하고 있기 때문에 빠르게 복원할 수 있습니다.

특히 저장하지 않아서 파일을 복구할 수 없거나 중요한 파일을 잘못 저장하여 복원할 수 없는 일은 전혀 없습니다. 구글은 파일 실시간 자동 저장을 기본으로 하고 있으며, 필요에 따라 저장할 수 있도록 지원합니다. 만약 작업자들이 자신이 맡은 특정 부분만을 집중적으로 작업하면 빠르면서 전문적으로 문서를 작성할 수 있으며 댓글이나 메모 기능을 통해 질의하면서 문서를 작성할 수 있기 때문에 정확성 측면에서 완벽한 문서를 만들 수 있게 됩니다.

규칙에 따라 파일 만들기

파일과 폴더는 일정한 규칙에 따라 만듭니다. 무작정 느낌대로 파일명이나 폴더명을 만들 경우 파일 관리가 원활하지 않아 어려움을 겪을 수 있습니다. 그렇기 때문에 문서 작업이나 폴더 관리를 위해서는 나름대로 원칙을 가져야 합니다.

01 하나의 파일로 관리하기

동일한 프로젝트에 다수의 파일을 만들지 말고 하나의 파일로만 만들어서 공유하여 협업을 통해 파일을 관리합니다.

02 폴더(라벨)는 주제별로 만들기

폴더를 주제별로 만듭니다. 주의해야 할 것은 하위 폴더가 3단계가 넘어가지 않도록 하는 것입니다. 너무 많은 하위 폴더를 만들면 관리가 거의 불가능해질 수 있습니다.

1단계는 주제 폴더에 해당하고, 2단계는 업무 관련 폴더로 스케줄이나 개요, 보고서 등에 대한 내용을 저장하고, 3단계에서 관련 파일이나 문서들을 관리합니다.

단 정기적으로 발생하는 파일은 시계열로 폴더를 만들어 관리하는 것이 좋습니다. 시계열 폴더나 파일은 연, 월, 일 순서로 폴더나 파일명을 만드는 것입니다.

03 메일 첨부 파일은 라벨링으로 관리하기

메일 내용과 첨부된 내용을 중요성과 목적에 따라 라벨링합니다. 자동으로 라벨링을 하기 위해서는 사전에 필터 기능을 활성화하고 송신자나 내용에 따라 필터링해 두면 관련 메일이 수신될 때 자동으로 분류됩니다. 특히 메일에 첨부된 중요한 첨부 파일은 구글 드라이브에 저장할 수 있어 관리가 쉽습니다.

모든 자료는 이메일로 받고 폐기 원칙 지키기

문서를 종이로 받게 되면 별도로 보관해야 하고 중요도에 따라 스캔해서 보관해야 합니다. 그렇기 때문에 모든 문서는 이메일을 통해 받는 것을 원칙으로 합니다.

업무 시간을 줄여 자기 개발에 투자하기 위해서, 자료를 모으기보다는 버릴 자료를 잘 분류해야 합니다. 폐기 자료가 무엇이 있는지, 보관할 자료가 어떤 것이 있는지를 파악해야 합니다.

폐기할 자료는 다시 쓸 일이 없는 서류나 콘텐츠로, 1년 이상 사용하지 않는 서류, 보관 기한을 넘긴 서류, 똑같은 서류, 우편물 등에 해당합니다. 중요 우편물의 경우라면 스캔하여 별도로 보관할 수 있습니다. 그리고 보관할 자료는 프로젝트가 종료된 서류, 가격표, 거래처에서 받는 계약서 등에 해당합니다. 만약 폐기하거나 보관할 서류로 정확하게 구분하기 어려운 경우라면 보류 서류로 분류해서 보관합니다. 이런 경우는 대부분 상사에게 물어 본 다음 처리합니다.

> **[TIP]** 일반 팩스는 팩스를 수신하면 종이로 인쇄되어 인쇄물을 별도로 관리해야 합니다. 수신된 팩스 문서는 결재 문서와 달리 차일피일 미루게 되어 처리 시간을

놓치는 경우가 많습니다. 그렇기 때문에 종이 팩스는 수신하는 즉시 확인해야 합니다.

인터넷 팩스는 디지털 문서로 수신되기 때문에 필요할 경우 이메일이나 클라우드에 별도로 저장할 수 있어 문서가 파기되거나 손실되는 경우가 적습니다.

인터넷 팩스를 처리할 때 답장이 필요한 경우는 반드시 바로 회신한 다음 폐기를 할 것인지, 보관을 할 것인지를 판단합니다. 보관할 경우에는 구글 드라이브에 폴더를 만든 다음 보관합니다.

목적을 가지고 자료 수집하기

정보의 홍수 시대를 맞아 구글링만 하면 언제든지 최신 정보를 찾을 수 있습니다. 그렇다고 해당 정보가 정확한지는 알 수 없으며 이 정보들을 업무에 바로 적용하기란 결코 쉽지 않습니다.

목적 없이 단순히 정보만을 수집하는 직장인들이 있는데, 정보 대부분을 앞으로 필요할 수 있다고 생각하고 수집하지만, 이후 거의 보지 않아서 얼마 있지 않아 그 많은 정보를 삭제하는 경우가 대부분입니다. **정보를 수집하는 가장 중요한 원칙은 목적 없이 정보를 수집하지 않는 것입니다.** 자료 스크랩 자체로는 정보의 가치를 높일 수 없으며, 시간이 지나면 정보의 가치가 떨어져 쓸모없어지는 경우가 대부분입니다.

그렇다고 필요할 때마다 그 자료를 수집하는 것도 쉽지 않을 수 있습니다. 그렇기 때문에 자신에게 필요한 키워드를 설정하고 그 키워드를 중심으로 정보를 수집하면서 각 정보마다의 맥락을 생각하면서 처리해야 합니다.

예를 들면 마케팅이라는 키워드를 선택했다면 소셜미디어 마케팅, 입소문 마케팅, 페이스북 마케팅, 구글 마케팅과 같은 키워드로 정보를 수집하거나 관리하고, 해당 정보들을 관련 카테고리로 분류하거나 라벨링하여 관리해야 합니다.

이렇게 수집된 자료라도 정확성이 떨어지거나 활용 가치에 미치지 못하면 과감히 버려야 합니다. 선택한 자료는 자신만의 카테고리나 폴더, 라벨링을 통해 관리합니다.

혼자 회의로 회의나 업무 사전 준비하기

혼자 회의는 본 회의를 진행하기 전에 진행자가 혼자서, 진행할 회의를 준비하기 위한 모의 회의로 시뮬레이션 회의라고 볼 수 있습니다. 당일 회의 안건이나 주제, 내용 등을 사전에 준비하여 실제 회의처럼 혼자서 진행하고 이를 통해 어떤 문제가 발생할 수 있을지 가늠해 볼 수 있는 기회를 얻게 됩니다. 혼자 회의를 진행하다 보면 추가로 준비할 내용이 무엇인지를 사전에 파악할 수 있어 본 회의를 할 때 발생할 수 있는 문제점을 최소화할 수 있습니다.

혼자 회의를 진행할 경우 반드시 실전처럼 진행해야 효과를 극대화할 수 있습니다. 만약 그렇게 하지 않고 형식적으로 할 경우 주요 회의 일정, 회의 주제 정도는 알 수 있겠지만 중요한 회의를 할 때 발생할 수 있는 문제점이나 질의사항에는 대응하지 못할 수 있습니다.

혼자 회의를 진행할 때 먼저 구글 문서를 열고 제목에 회의 제목과 회의 일자를 넣습니다. 그런 다음 본문에 지금 직면하고 있는 문제들을 모두 적어 봅니다. 혼자 회의 프로세스는 문제 제기, 문제 파악, 솔루션 제시, 구체적 행동이라는 단계를 통해 이루어집니다.

1단계에서는 **문제 제기**를 위해 문제 각각에 대해 왜 그런 문제가 일어났는지를 질문합니다. 그런데 여기서 중요한 것은 부정적인 질문을 해서는 안 된다는 것입니다. 부정적인 질문은 문제 해결을 위한 방안을 제시하지 못하기 때문에 문제 해결을 위해 긍정적인 방향의 질문을 내 놓아야 합니다. 예를 들면 '시간이 없다.', '의욕이 없다.' '할 수 없다.'는 부정적인 의견을 가진 사람이라면 이 내용을 긍정적 의문문으로 바꾸어서 질문해 봅니다. '시간이 있으려면 어떻게 하면 될까?', '의욕이 생기려면 어떻게 하면 될까?', '일을 할 수 있으려면 어떻게 하면 될까?'라는 식의 질문을 던져 봅니다. 회의에 앞서 당면한 문제를 해결하기 위해 문제를 제기하고 질문을 통해 대안을 찾아야 합니다.

2단계에서는 **문제가 정확하게 무엇인지를 정의**하기 위해 질문합니다.

3단계에서는 문제를 해결할 수 있는 **솔루션을 제시**해야 하고, 그 문제점을 해결할 수 있는 방법이 무엇인지를 질문 형태로 물어서 답변을 해야 합니다. 해결할 사안이 있다면 그 사안을 쪼개서 접근해야 합니다. 문제가 크면 클수록, 해결할 사안이 크면 클수록 그 대안을 찾기 위해 쪼개서 분석해야 합니다. 그래도 문제가 제대로 풀리지 않는 경우라면 심리적인 부분이 있는지도 파악해 볼 필요가 있습니다.

마지막 4단계에서는 **구체적인 행동**을 수반할 수 있도록 '○○을 한다.'라는 식의 할 일 목록들을 만듭니다. 목록 속에는 반드시 언제, 누구와 할 것인지 결정하고 불필요한 부분이나 후순위의 목록이라면 가감하게 버려야 합니다. 선택한 리스트가 있다면 그 일에 집중하고 진행해 나갑니다. 할 일이 결정되면 구체적이며 실질적인 행동과 연결되어 있어야 실천할 수 있기 때문에 리스트를 작성할 경우에는 반드시 실천 가능하도록 세부적 사항을 만들어야 합니다.

1 문서 작성과 프레젠테이션을 위해 얼마나 많은 시간을 투자하고 있나요? 반드시 그 문서를 작성해야 하나요? 보고를 위해 프레젠테이션 파일을 만들어야 하나요?

2 일과 중 불필요하게 지불하고 있는 시간은 얼마나 되나요? 흡연을 하거나 커피를 마시면서 수다를 떠는 시간은 얼마나 되나요? 업무 외 불필요한 시간을 줄이는 방법은 무엇인가요?

3 정보 수집보다 관리와 활용이 중요합니다. 불필요한 정보 수집에 집중하기보다는 관리와 활용에 포커스를 맞추어야 합니다. 자료 관리와 활용을 위해 로직 트리를 활용하여 정보를 재구성하면 활용할 수 있는 자료를 만들 수 있습니다. 그렇다면 지금 관리하고자 하는 자료들을 로직 트리로 재구성해 보세요.

4 불필요한 이메일 업무와 전화 업무가 삶을 너무나 바쁘게 만듭니다. 이메일 업무와 전화 업무를 줄이기 위해 자신만의 프레임워크를 마련해야 합니다. 자신만의 프레임워크는 어떻게 구성하고 있나요?

직장인들의 시간 관리

1 낭비되는 자투리 시간을 활용합니다.

쌓여 있는 서류와 문서 속에서 필요한 자료를 찾는 데 걸리는 시간, 목적과 방향성이 정해져 있지 않은 회의를 하는 시간, 이메일을 확인하고 답장하기 위해 문서를 작성하는 시간, 다른 사람들로부터 업무가 넘어오길 기다리는 시간, 출퇴근 시간 등은 별 생각 없이 낭비하는 시간들입니다. 시간 관리법은 자신의 가치를 높이고 자기 개발을 통해 승진할 수 있는 기회를 제공합니다. 자신에게 주어진 자투리 시간을 모아서 업무와 자기 개발에 이용한다면 이보다 더 좋은 시간 관리가 없을 것입니다.

2 자신만의 마감 시간을 정합니다.

마감 시간이 정해지지 않으면 무한대로 시간을 허비할 수 있습니다. 시간이 정해지지 않으면 야근을 밥 먹듯이 하게 되고 상사로부터 눈치를 보지 않을 수 없을 정도로 힘든 시간을 보내야 합니다. 단순히 자신의 시간만 문제가 되는 것이 아니라 팀원들의 시간을 낭비하는 경우가 발생합니다. 직장 생활에서 업무가 서툰 신입 사원들이 마감 기한을 맞추지 못해 팀원 전체에게 피해를 줄 수도 있고, 잘못된 습관으로 인해 마감 시간을 제대로 정하지 못해 문제를 일으키는 직원들도 있습니다. 모든 업무에 마감 시간을 정해 두면 업무를 진행함에 있어서 긴장감이 발생하고 이로 인해 집중력을 가지고 일을 할 수 있습니다.

3 요일별 업무 리듬을 파악합니다.

직장인에게 있어서 월요일이란 피곤하고 지루한 요일이라고 할 수 있습니다. 그리고 수요일이 넘어가면서 점점 활력을 되찾고 금요일에 가장 기쁜 마음으로 업무를 볼 수 있습니다. 이처럼 요일별 자신의 컨디션에 따라 업무를 적절히 조절해야 합니다. 이를 위해서 한 주 동안 요일별 나의 컨디션 및 업무의 특징을 분석하여 업무 사이클을 정립해 두는 것이 직장인 시간 관리에 좋습니다. 타이트한 업무를 진행하는 요일, 휴식이 적절히 가미된 요일 등을 정해 두고 이를 한 주에 적절히 배분해 둔다면 생각보다 상쾌한 한 주를 보낼 수 있습니다. 물론, 예상치 못한 업무가 추가되더라도 충분히 소화할 수 있도록 여유 있게 설정해 두는 것도 스마트한 시간 관리법이겠지요.

4 주변을 정리 정돈합니다.

앞서 설명한 시간 관리 노하우는 낭비되는 시간을 줄이는 방법이었습니다. 이것과 일맥상통한 시간
관리법이 바로 주변 정리 정돈을 실시하는 것입니다. 책상에 메모와 서류가 어지럽게 쌓여 있을 경
우 서류를 찾는 데 아까운 시간이 낭비될 수 있고, 이것이 업무의 집중력과 효율을 떨어트리는 원인
이 되기도 합니다. 또한, PC 바탕화면에 폴더와 문서가 제대로 분류되어 있지 않을 경우도 업무 처
리 지연을 야기합니다. 따라서 현명한 직장인 시간 관리를 위해 정리 정돈 습관을 들이는 것이 좋
습니다. 매일 1~2분 투자하여 주변을 깨끗하게 정돈하면 낭비되는 시간을 더욱 줄일 수 있습니다.

5 불필요한 업무를 줄입니다.

가끔 사람들은 정말 중요한 것을 놓치고 쓸 데 없는 일에 힘을 쓰는 경우가 종종 있습니다. 스스로
를 통제하며 시간을 관리하고자 노력한다면 어느새 쓸 데 없는 일보다는 중요한 일에 더 힘을 쓰고
있는 자신을 보게 될 것입니다. 시간 관리 방식을 업그레이드하려면 처음부터 욕심을 내는 것은 금
물입니다. 자신이 할 수 있는 방법들을 한 가지씩 실천하며, 시간 관리 방식을 꾸준히 업그레이드해
야 합니다. 자신에게 가장 적합한 시간 관리 방식을 모색하여, 일할 때는 '시간은 돈'이라는 원리를
적용하여 경쟁력과 생산성을 높이면서, 나머지 시간은 여유를 가지고 즐기는 삶을 살도록 유용한 시
간 관리 시스템을 만드는 것은 어떨까요?

부록 1
자기 관리를 위한
유용한 앱

목표 금액 관리 도우미

꿈을 실현할 수 있도록 돕는 앱으로 여행을 가거나 물건을 구입하기 위해 돈을
모아야 할 경우에 활용할 수 있습니다. 여행을 가기 원하는데 비용이 얼마나 들
지, 그 목표를 위해 얼마씩 모으면 될지를 알려 주는 앱입니다. 매일 얼마나 모
아야 할지, 일주일이나 매월 얼마나 모아야 하는지를 비율로 보여 주기 때문에
목표를 포기하지 않고 달성하는 데 도움을 줍니다.

① 앱을 실행하고 [등록] 버튼을 터
치한 다음 목표명과 설명, 목표
금액, 목표 기간을 설정합니다.
목표 설정이 완료되면 [설정완
료] 버튼을 터치합니다.

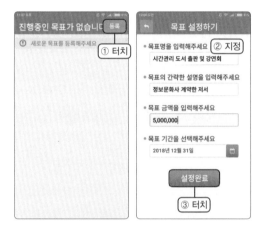

② 목표를 터치하고 오른쪽 윗부분
+ 아이콘을 터치하면 금액을 추
가할 수 있고 입금에 대한 분석
이 제공됩니다.

◯ 원플래너 - 균형적인 삶을 위한 시간 관리

우리가 어떤 일에 얼마의 시간을 사용하는지에 대한 정보를 바탕으로 삶의 설계를 돕는 앱입니다. 개인의 시간 사용을 분석해 진행 상황이나 업무 성과, 생활 패턴 등을 파악할 수 있도록 해 줍니다.

① 달력 아래에 일정이 표시되며, 구글 캘린더와 동기화됩니다. 자신의 시간 사용 현황이 업무, 개인, 소셜 미디어로 분류되어 나타납니다.

② 일정 보관함에 자신의 일정을 입력하고 + 아이콘을 터치합니다. 주간과 월간을 나누어 통계를 볼 수 있습니다.

위싱노트 - 버킷 리스트, 위시 리스트 목표 관리

하고 싶고, 가고 싶고, 갖고 싶은 것을 작성하면서 자신의 꿈을 정리하여 친구들과 공유할 수 있으며 구체적으로 실천할 수 있는 앱입니다.

① 오른쪽 아랫부분에서 펜 모양 아이콘을 터치합니다. 하고 싶은, 먹고 싶은, 가고 싶은, 갖고 싶은, 보고 싶은 것들 중에 원하는 것을 선택합니다. 예제에서는 '하고 싶어'를 선택했습니다.

② 제목과 내용을 입력하고 아랫부분에 일정을 포함할 수 있습니다. 캘린더를 터치하면 언제 그 일을 할 것인지 표시할 수 있으며 물음표 아이콘을 터치하여 장소를 표시할 수 있습니다. 자물쇠 모양 아이콘을 터치하면 친구들에게 공개할지 여부도 지정할 수 있습니다.

DP DAILY PAY - 예산 관리 가계부

꿈을 이루기 위해 필요한 예산, 비용을 관리할 수 있도록 돕는 앱입니다. 쉽고 빠르게 지출/수입 내역을 기록하고, 예산을 관리할 수 있습니다. 자신의 꿈을 이루기 위해 얼마나 투자하는지, 반대로 불필요한 부분에 얼마나 지출하는지를 파악할 수 있습니다. 구글 드라이브과 드롭박스를 통해 손쉽게 백업 및 복구가 가능합니다.

① 예산을 등록하고 한 달 안에 준비할지 아니면 주간 단위로 할지를 선택합니다. 한 달 단위로 하면 1일자로 시작일이 표시되고 주간 단위는 월요일부터 시작됩니다.
+ 아이콘을 터치하여 수입과 지출을 입력할 수 있습니다.

② 아랫부분에서 + 아이콘을 터치하고 [지출]을 선택합니다. 카테고리를 선택할 수 있고, 지불 수단을 선택할 수 있습니다. 설정을 마치면 메인 화면에서 들어오고 나간 금액을 한눈에 파악할 수 있습니다.

📱 모바일 팩스

스마트폰으로 팩스 문서를 간편하게 송수신할 수 있는 앱이 텔링크의 모바일 팩스입니다. 이 팩스 앱은 특별한 비용 없이 사용자의 MMS를 이용해 팩스가 발송됩니다.

① 앱을 설치하면 0504용 팩스 번호를 선택할 수 있습니다. 자신의 핸드폰 뒷자리가 일반적으로 팩스 번호로 제공됩니다. 모바일 팩스 가운데 있는 [더보기]를 터치하면 자신의 팩스 번호를 확인할 수 있습니다. [팩스발송] 아이콘을 터치하고 팩스를 받을 사람의 전화번호를 입력한 다음 [사진/문서 첨부] 버튼을 터치합니다.

② 문서를 선택할 경우 폰이나 구글 드라이브 안에서 해당 문서를 검색하여 보낼 수 있습니다. 카메라로 촬영해도 됩니다. 미리보기를 보고 문제가 없다면 아랫부분에서 [팩스 발송]을 터치하면 팩스가 발송됩니다.

OBJECTIVE

EFFICIENCY

CONTROLLING

SCHEDULE

PRIORITY

REMINDER

부록 2
당신의 골든 타임을
점검하라! 체크 리스트

시간 점검

☐ 시간을 관리하려는 목표가 분명한가?

☐ 꿈과 목표가 있는가?

☐ 꿈과 목표를 이루려는 이유가 분명한가?

☐ 꿈을 이루지 않으면 안 되는 이유가 분명한가?

☐ 꿈과 목표를 이루기 위해 시간과 물질을 투자해야 하는데 꿈이 그만큼의 가치를 가지고 있는가?

☐ 꿈을 이루기 위해 해야 할 일을 알고 있는가?

☐ 꿈을 방해하는 요소를 알고 있는가?

☐ 아이젠하워 법칙에 따라 중요하고 긴급한 일, 긴급하지 않지만 중요한 일을 분리하였는가?

☐ 3-5-7-9 법칙에 따라 꿈과 목표를 위해 하루에 3시간씩을 투자해야 한다면 무엇부터 할지 명확한가?

☐ 파레토 법칙에 따라 인생에서 자신의 삶에 가장 영향력을 미치는 20%에 시간을 투자한다면 무엇에 투자할지 명확한가?

목표 점검

☐ 목표를 한 문장으로 표현할 수 있는가?

☐ 목표나 꿈을 위한 버킷 리스트나 드림 리스트를 작성해 보았는가?

☐ 하고 싶은 것, 가지고 싶은 것, 이루고 싶은 것 등으로 분류한 후 단기적으로 할 수 있는 것과 중장기적으로 해야 할 것을 구분해 보았는가?

☐ 목표를 이루기 위해 행동하고 있는가?

☐ 버킷 리스트를 이루기 위해 지금 해야 할 일이 있는가?

☐ 자신의 목표가 자신의 삶과 업무와 연관성이 있는가?

☐ 자신의 목표를 세웠다면 그 목표에 대한 우선순위가 매겨져 있는가?

☐ 우선순위가 정해진 목표에 대해 일정이나 할 일 목록을 만들어 놓았는가?

☐ 자신의 재능과 능력, 상황 등을 고려해 볼 때 목표가 실현 가능한가?

☐ 지금 하고 있는 일이 가까운 미래에 하고 싶은 일과 연관성이 있는가?

일정 점검

☐ 목표를 목록화한 후 연간 목표 계획 속에 넣었는가?

☐ 연간 목표 계획과 함께 분기 목표를 나눈 다음 분기마다 어떤 일을 해야 할지를 작성했는가?

☐ 분기 목표를 월간 목표로 세분화하고 변경되거나 수정해야 할 일정이 있는지 점검해 보았는가? 만약 점검한 다음 수정이나 변경해야 할 일정이 있다면 월초나 월말에 수정하고 있는가?

☐ 일정은 캘린더로, 할 일은 태스크로 관리하고 있는가?

☐ 일의 우선순위에 따라 일정을 관리하고 있는가?

☐ 업무의 성격에 따라 업무에 맞는 시간대를 선택하여 처리하고 있는가?

☐ 오전에 집중력이 필요한 중요한 일들을 처리하고 있는가?

☐ 개인 일정과 업무 일정, 버킷 리스트 일정을 분류하여 관리하고 있는가?

☐ 일정이 변경되는 경우를 위해 탄력적으로 일정을 관리하고 있는가?

☐ 지나치게 많은 여유를 두거나 조밀하게 잡지는 않았는가?

☐ 일정이 정해진 다음 참석자들에게 일정을 통보하고 참여 여부를 확인하고 있는가?

할 일 점검

☐ 할 일을 목록화하여 관리하고 있는가?

☐ 할 일들이 제대로 관리되고 있는지 수시로 체크하고 있는가?

☐ 일을 끝내는 시간(마감 시간)을 계산하여 일을 처리하고 있는가?

☐ 할 일 관리를 위해 태스크나 구글 킵과 같은 애플리케이션을 사용하고 있는가?

회의 점검

☐ 회의를 개최하는 이유가 명확한가?

☐ 회의 주제가 명확한가?

☐ 회의의 구체적 목표가 있는가?

☐ 회의를 개최하지 않을 경우 그로 인해 발생하는 문제점이 있는가?

☐ 회의 결과를 예상하고 있는가?

☐ 회의 시간이 명확한가?

☐ 회의 시간과 장소는 적절한가?

☐ 회의 주체자를 알고 있는가?

☐ 회의에 참석하는 사람들의 역할을 알고 있는가?

☐ 회의 전 사전 준비를 위해 회의 자료, 참석자 참여 여부 등을 빠짐없이 체크했는가?

☐ 회의 전에 일정을 등록하여 참석자들에게 일정과 장소, 회의 자료를 공유하고 있는가?

☐ 회의를 위해 이동해야 할 경우 장소를 확인했는가? 구글 맵과 같은 서비스를 이용하여 이동 시간을 계산하고 있는가?

☐ 부득이 회의에 참석할 수 없는 사람들과 온라인 회의를 위해 화상 회의(구글 행아웃)를 활용하거나 참여한 적이 있는가?

☐ 회의 결과에 따른 실행 여부를 체크하고 있는가?

☐ 다음 회의를 위해 준비할 일을 확인하고 있는가?

전화 점검

☐ 전화 업무를 할 때 전화 내용을 메모하고 있는가?

☐ 통화에서 전화를 건 사람의 신분을 확인했는가?

☐ 자신과 관련된 전화 업무가 아닌 경우 담당자에게 전달했는가?

☐ 전화 메모를 통해 전화 업무를 처리한 후 담당자에게 전화 메모를 전달했는가?

☐ 긴급하고 중요한 일을 처리할 경우, 전화나 메일 확인 등을 자제함으로써 업무에 집중
해야 한다면 전화나 메일 확인과 같은 작업을 미룰 수 있는가?

메일 점검

☐ 메일을 확인하는 시간이 정해져 있는가?

☐ 개인적인 메일과 업무용 메일을 분류하여 사용하고 있는가?

☐ 메일을 효과적으로 사용하기 위해 필터나 별표 라벨 기능 등을 사용하고 있는가?

☐ 메일 제목에는 편지 내용의 키워드를 포함하는가?

☐ 메일 본문을 작성할 때 육하원칙에 따라 작성하는가?

☐ 메일의 양은 스크롤이 되는 범위에서 작성하고 있는가?

☐ 메일에 문서 파일을 첨부하여 메일을 발송하고 있는가?

☐ 메일 아랫부분에 발신자의 연락처나 이메일, 주소와 같은 정보를 포함하여 메일을 발
송하고 있는가?

☐ 특정인과 상의해야 할 경우 메일에만 의존하는가, 아니면 전화나 메신저를 활용하는가?

☐ 불필요한 메일을 빠르게 처리하기 위해 스팸 처리를 하고 있는가?

문서 점검

☐ 문서 작업을 위해 클라우드 오피스를 사용하고 있는가?

☐ 아이디어나 메모를 위해 구글 킵이나 에버노트, 원노트를 사용하고 있는가?

☐ 문서 작업을 위해 구글 도큐먼트를 사용하고 있는가?

☐ 수식 작업이나 재무 관련 작업을 위해 구글 스프레드시트를 사용하고 있는가?

☐ 발표를 위해 구글 프레젠테이션을 사용하고 있는가?

☐ 설문 조사를 위해 구글 폼즈(구글 양식 도구)를 사용하고 있는가?

☐ 사진 관리를 위해 구글 포토, 동영상 관리를 위해 유튜브를 사용하고 있는가?

☐ 문서 작업의 효율을 높이고 생산성 제고와 협업을 위해 공유 기능을 활용하고 있는가?

☐ 댓글과 메모 기능을 활용하고 있는가?

☐ 문서 관리를 위해 폴더를 만들거나 별표 라벨을 붙여서 관리하고 있는가?

☐ 문서 작성을 위해 수집되는 자료는 어떻게 수집되고 있는가?

☐ 수집되는 정보나 자료들을 키워드를 통해 분류하고 관리하고 있는가?

☐ 지금 관심을 가지고 있는 키워드나 자료들은 현 업무와 연관성을 가지고 있는가?

☐ 문서 보관 및 폐기에 따른 원칙을 가지고 있는가?

☐ 오프라인 문서나 팩스 문서 등은 체계적으로 관리되고 있는가?

인맥 점검

☐ 주소록을 파레토의 법칙에 따라 정리했는가?

☐ 인맥들을 자신만의 우선순위를 정하여 분류하고 있는가?

☐ 진짜 인맥과 희망 인맥을 분류하고 정리하고 있는가?

☐ 명함 관리를 위해 앱(리멤버)이나 주소록을 통해 관리하고 있는가?

☐ 연락처에 이메일, 직장, 직책 등 세부 내용을 함께 작성하여 관리하고 있는가?

출장 점검

☐ 출장의 목적은 무엇인가?

☐ 출장을 통해 얻고자 하는 것이 분명한가?

☐ 성공적인 출장을 위해 준비할 것이 명확한가?

☐ 출장 기간과 소요 시간은 적절한가?

☐ 출장 기간 동안 처리하지 못하는 일은 위임을 하고 있는가?

☐ 사무실 업무와 출장을 비교할 때 출장이 실질적인 이익을 가져다 주는가?

☐ 출장 기간 동안 소요되는 비용은 적절한가?

☐ 출장에서 회의나 프레젠테이션이 필요한가? 해야 한다면 준비사항은 어떠한가? 유인물과 같은 보조 자료는 준비되었는가?

☐ 출장 기간 동안 사용할 장비(노트북, 카메라 등)를 준비했는가?

위임 점검

☐ 위임하고자 하는 업무가 기밀성 업무는 아닌가?

☐ 직접 하지 않으면 안 되는 매우 중요한 업무는 아닌가?

☐ 긴급하고 중요한 일, 긴급하지만 중요하지 않는 일, 중요하지만 긴급하지 않는 일에 대해 위임 원칙이 있는가?

☐ 적임자에게 위임을 했는가?

☐ 위임의 범위는 적당한가(부분 위임, 전체 위임)?

☐ 확실하게 어떤 일을 해야 하는지 전달했는가?

☐ 마감 시간이 정해져 있다면 그 시간이 언제인지를 정확하게 인지시켰는가?

☐ 위임에 따른 권한이 무엇인지를 알려 주었는가(직책과 권한)?

☐ 위임 전에 위임에 대한 이유와 필요성을 알려 주었는가?

☐ 위임 초기에 업무 진행 사항을 면밀히 체크하고 있는가?

☐ 위임 중반에 격려와 지원을 통해 일을 제대로 할 수 있는가를 체크했는가?

☐ 위임한 다음 평가하고 있는가?

☐ 자신에게 주어지는 업무에 대해 거절한 적이 있는가? 있다면 이유가 있었는가?

부록 3
시간 관리 습관을 만드는
필수 양식 10가지

목표 정하기

아이젠하워 법칙에 따라 긴급하고 중요한 일, 긴급하지 않지만 중요한 일들이 우리 주변에 많이 있습니다.

하고 싶은 일들이 많이 있을 것입니다. 목표를 이루기 위해서는 정말 그 목표를 이루고자 하는 가치와 이유가 명확해야 합니다. 목표와 꿈 리스트를 작성해 보세요.

일반적으로 긴급하고 중요한 일들은 회사 업무와 관련된 일이거나 지금 바로 처리해야 할 일들이 대부분입니다. 자신의 꿈과 목표를 이루는 내용은 주로 긴급하지 않지만 중요한 일입니다. 당신의 꿈을 이루기 위해 지금 반드시 해야 할 일을 생각해 보고 분석해 봅니다.

	목표, 꿈 분석	결론
가치(Why)	당신의 시간과 물질을 투자할 만한 가치가 있습니까?	1. 2. 3.
리스트(What)	목표를 이루기 위해 무엇을 할 수 있습니까?	1. 2. 3.
행동(How)	목표를 이루기 위해 어떤 실천을 해야 합니까?	1. 2. 3.
시간(Time)	그 목표를 이루기 위해 얼마만큼의 시간을 투자해야 합니까?	시간(일 수×시간)
시작일		년 월 일
종료일		년 월 일
일정 등록	구글 캘린더에 목표를 이루기 위해 일정으로 등록했습니까?	등록, 미등록, 진행 중
할 일 등록	해야 할 일을 할 일 리스트에 첨가했습니까?	등록, 미등록, 진행 중
비고		

※ 239쪽에서 파일을 얻을 수 있습니다.

우선순위 정하기

목표가 정해졌다면 이제 무엇을 해야 할지, 어떤 일을 해야 할지를 구체적으로 작성해 봅니다. 많은 일을 한다고 꿈을 이룰 수 없습니다. 선택하고 집중해야 합니다. 자신의 꿈과 목표에 프레임을 맞춘 다음 이를 이루기 위해 해야 할 일들을 일정(캘린더)과 할 일(태스크)로 구분하여 실천해야 합니다.

우선순위는 시작일과 종료일, 소요 시간 등을 고려하여 잡아야 합니다. 만약 다른 사람과 같이 해야 할 일이라면 우선순위가 앞섭니다.

	내용	우선순위	시작일	종료일
1		A/B/C/D	월 일	월 일
2		A/B/C/D	월 일	월 일
3		A/B/C/D	월 일	월 일
4		A/B/C/D	월 일	월 일
5		A/B/C/D	월 일	월 일
6		A/B/C/D	월 일	월 일
7		A/B/C/D	월 일	월 일
8		A/B/C/D	월 일	월 일
9		A/B/C/D	월 일	월 일
10		A/B/C/D	월 일	월 일

A : 긴급하고 중요함, B : 긴급하지 않지만 중요함, C : 긴급하지만 중요하지 않음, D : 긴급하지도 중요하지도 않음

※ 239쪽에서 파일을 얻을 수 있습니다.

할 일 소요 시간 계산

소요 시간 계산 : (낙관적인 시간)+(4×현실적인 시간)+(비관적인 시간)/6

	하고 싶은 일들	시간			소요 시간
		낙관적	현실적	비관적	
1	정보문화사 제출 소요 시간	120	200	400	220
2	부산 출장 소요 시간	11	13	15	13

- 정보문화사 제출 소요 시간 : 낙관적 원고지 1시간 20매, 현실적 6매, 비관적 3매를 작성할 경우
- 부산 출장 소요시간 : 도로 4시간(왕복 8시간), 회의 2시간, 식사 1시간일 때, 낙관적 11시간, 현실적 13시간, 비관적 15시간

	하고 싶은 일들	시간			소요 시간
		낙관적	현실적	비관적	
1					
2					
3					
4					
5					
6					
7					
8					
9					

※ 239쪽에서 파일을 얻을 수 있습니다.

버킷 리스트

버킷 리스트를 하고 싶은 일, 갖고 싶은 것, 되고 싶은 것으로 구분해서 작성하세요. 예를 들면 가족 여행하기, 자격증 취득하기 등을 언제 할 것인지를 작성하며, 수혜 대상(자기 자신, 가족, 자녀)에 따라 분류해 봅니다.

소요 시간 계산은 앞에서 살펴본 할 일 소요 시간 계산법으로 확인하여 입력합니다.

	무엇을(What)	어떻게(How)	소요 시간	시작일	마감일	수혜 대상
1						
2						
3						
4						
5						
6						
7						
8						
9						
10						

※ 239쪽에서 파일을 얻을 수 있습니다.

연간 계획표

월	주	세부 내용
1월	1	
	2	
	3	
	4	
2월	1	
	2	
	3	
	4	
3월	1	
	2	
	3	
	4	
4월	1	
	2	
	3	
	4	
5월	1	
	2	
	3	
	4	
6월	1	
	2	
	3	
	4	
7월	1	
	2	
	3	
	4	
8월	1	
	2	
	3	
	4	
9월	1	
	2	
	3	
	4	
10월	1	
	2	
	3	
	4	
11월	1	
	2	
	3	
	4	
12월	1	
	2	
	3	
	4	

※ 239쪽에서 파일을 얻을 수 있습니다.

일일 할 일 목록

	할 일 목록	우선순위	업무 주체	결과	시간
1		A/B/C/D	본인/위임/연기		
2					
3					
4					
5					
6					
7					
8					
9					
10					

A : 긴급하고 중요함, B : 긴급하지 않지만 중요함, C : 긴급하지만 중요하지 않음, D : 긴급하지도 중요하지도 않음

※ 239쪽에서 파일을 얻을 수 있습니다.

오늘의 기록 사항

분 류	정보 / 아이디어 / 회의 / 메모 / 대화 / 상담

일 시	년 월 일(요일) 시 분

장 소	

참석자	

주 제	

주요 내용

_____
_____
_____
_____
_____
_____
_____
_____
_____
_____
_____

처리 사항

_____
_____
_____
_____
_____

※ 239쪽에서 파일을 얻을 수 있습니다.

전화 메모

날 짜	년 월 일	시 간	오전 / 오후 시 분
발신자명		발신자 번호	
전달 방법	전화 / 메모	전달 대상자	
전화 내용			
수신자명		연락처	

팩스 메모

날 짜	년 월 일	시 간	오전 / 오후 시 분
발신자명		발신자 번호	
전달 방법	팩스 / 메모 첨부	팩스 처리 담당	
전화 내용			
팩스 담당자		연락처	

※ 239쪽에서 파일을 얻을 수 있습니다.

사업기획안

	기안자	대표
결재		

제 목	
개 요	
기획 배경	
목 적	
목 표	
기획 내용	
비 용	
기대 효과	
실행 계획	

※ 239쪽에서 파일을 얻을 수 있습니다.

양식 파일 다운로드

양식	단축 주소	QR 코드
목표 정하기	https://goo.gl/oMZLRR	
우선순위 정하기	https://goo.gl/yHVFJ6	
할 일 소요 시간 계산	https://goo.gl/Vd3snu	
버킷 리스트	https://goo.gl/miWEoq	
연간 계획표	https://goo.gl/VYQ9As	
일일 할 일 목록 (우선순위)	https://goo.gl/woz1KS	
오늘의 기록 사항 (아이디어, 회의)	https://goo.gl/YkbMcC	
전화 메모	https://goo.gl/2ApQja	
팩스 메모	https://goo.gl/DWKDKg	
기획안	https://goo.gl/cEF1Bc	

알고 갑시다 — 주부들의 시간 관리

자녀들을 돌보고 집안을 하다 보면 하루 24시간도 부족합니다. 주부가 하는 일의 종류를 따져 봤더니 무려 216가지였다고 합니다. 미취학 아이들은 하루 종일 엄마에게 끝없이 일거리를 만들어 주고, 힘들게 정리한 집안을 한 순간에 어지럽게 만듭니다. 그런 집안을 치우고 치워도 하루 종일 일에서 벗어날 수 없습니다. 주부들이 자신의 삶을 행복하고 여유 있게 살기 위해서는 시간 관리가 반드시 필요합니다.

■ 시간 도둑을 찾아야 합니다.

주부들의 시간들을 관찰하면 시간 도둑을 어렵지 않게 찾아 볼 수 있습니다. 집안 청소를 하려고 하는데 '띵동'하면서 옆집 사람이 찾아 와서 물건을 빌려 달라고 하며 "커피 한잔 하고 가면 안 될까요?"라고 질문합니다. "예."라고 하면 한 순간에 한두 시간이 사라집니다. 점심을 먹고 나면 유치원에 간 아이는 유치원 버스를 타고 집으로 들어옵니다. 그 때부터 아이들을 돌보고 간식을 챙겨 주고 하다 보면 어느 덧 저녁 시간이 다가와서 시장을 보기 위해 마트나 시장에 가게 됩니다. 시장에서 지인이라도 만나면 여기서도 20~30분이 불필요하게 사용되고, 집에 돌아와서 지인들과 통화하다 보면 한두 시간이 흘러갑니다. 이처럼 시간 도둑은 언제나 주부들의 시간을 훔쳐 가고 있습니다.

■ 작은 목표를 세우고 버킷 리스트로 만듭니다.

많은 돈이 들어가거나 해야 할 일이 너무 많은 큰 목표가 아니라, 시간이나 물질이 많이 들어가지 않는 작은 일부터 버킷 리스트를 작성합니다. 작은 목표를 버킷 리스트로 만들면 버킷 리스트를 통해 자신의 에너지를 집중하게 되고 이를 통해 행복을 누릴 수 있게 됩니다.

■ 계획을 글과 일일 계획표로 만듭니다.

자신의 버킷 리스트를 만들었다면 이제 이를 실천하기 위해 언제, 어디서, 어떻게, 무엇을 할지를 글로 작성해 봅니다. 생각한 것을 글로 시각화할 때 계획이 현실화됩니다. 계획을 세울 때는 반드시 메모해야 합니다. 스마트폰으로 메모할 경우 구글 킵이나 에버노트를 활용하는 것도 좋은 방법입니다. 구글 킵이나 에버노트로 작성하였더라도 버킷 리스트를 종이로 작성한 다음 눈에 가장 잘 보이는 곳에 붙여 놓으면 볼 때마다 그것을 실천하겠다는 의지가 생깁니다.

해야 할 버킷 리스트들을 일일 계획표에 넣어서 관리하면 그 계획이 실현되어 다가오게 됩니다.

4 우선순위를 정해야 합니다.

전업 주부의 어려움은 매일 똑같은 일을 반복해야 한다는 점입니다. 매일 반복하는 일을 처리하다 보면 정작 중요한 일을 하지 못하는 경우가 많습니다. 정말 하고 싶은 일을 우선순위에 넣어서 시작해야 합니다. 매번 급한 일만 하다 보면 정작 자신의 꿈을 위한 일이나 배우고 싶은 일은 하지 못합니다.

5 집안일을 위임할 줄 알아야 합니다.

자녀들이 조금씩 성장하고 있지만 자신의 아이들에게 집안일을 맡기지 못하는 주부들이 많습니다. 아이들이 해야 할 일인데 엄마가 다 해 주면 아이들이 어른이 될 기회를 빼앗는 것과 같습니다. 엄마로서 아이들에게 해 주고 싶은 일도 많겠지만 조금씩 자녀들에게 일을 위임할 수 있어야 합니다.

6 스마트폰 일정 관리 애플리케이션을 사용합니다.

일정 관리 앱을 이용하여 일정을 관리하면 언제 어디서나 자신의 일정과 해야 할 일을 빠르게 작성하고 확인할 수 있습니다. 구글 캘린더나 일정 관리 앱의 사용 방법을 익히는 일에 관심을 가지고 배워야 합니다.

찾아보기

기타

2G 폰 ···································· 046
2W1H ································· 036
3-3-3 트리 구조 ················ 181
3-5-7-9 법칙 ····················· 029
3P ····································· 178
5W2H ························· 037, 201
5Why ································ 035
10-20-30 법칙 ·················· 180
80/20 법칙 ························ 026

영문

Add card ···························· 127
Call Notes ·························· 169
DAILY PAY ························· 219
FVS 관점 ··························· 034
Google Keep ······················ 043
Google Tasks ······················ 043
Google 드라이브 ················ 044
Google 문서 ······················ 042
Google 스프레드시트 ·········· 044
Google 캘린더 ···················· 042
G Suite ····························· 082
GTD ·································· 195
IPO ··································· 195
IPO 사고방식 ····················· 035
notes ································· 137
PDCA ································ 036
QR 코드 ····························· 041
SKY 대학 ··························· 046
Streak CRM ······················· 054
SWOT ······························ 033
Tasks ································· 119
UI ····································· 040
VAT ·································· 018

ㄱ~ㅁ

가치 ···························· 018, 230
강점 ··································· 033

거절 ··································· 198
결정권 ······························· 160
계획서 ······························· 078
고용량 메일 ························ 177
골든 서클 ··························· 022
공유 ··································· 086
공유 캘린더 ························ 110
구글 드라이브 ················ 083, 151
구글 런처 ··························· 041
구글 맵 ······························ 163
구글 어시스턴트 ·················· 167
구글 포토 ··························· 044
구글 폼즈 ··························· 170
구글 프레젠테이션 ··············· 044
구글 행아웃 ························ 056
군인 ··································· 190
규칙 ··································· 207
기록 사항 ··························· 236
기안서 ······························· 078
기회 ··································· 033
기획서 ······························· 078
긴급성 ······························· 196
꿈 ····································· 017
낙관적 ······························· 232
내부 환경 ··························· 033
네이버 메일 ························ 054
단순성 ······························· 025
담당 한계 ··························· 197
대학생 ······························· 088
댓글 ··································· 149
댓글 작성 가능 ···················· 153
동기 ··································· 021
동기화 ······························· 141
라벨링 ······························· 208
로직 트리 ··························· 035
리멤버 ······························· 168
리모콘 앱 ··························· 188
마인드맵 ···························· 129
만다라트 ···························· 129
매트릭스 ···························· 129

메모·······················132, 149
메일 점검·······················225
명함·······················168
목적·······················079, 209
목표 금액 관리 도우미·······················216
목표 일정·······················116
목표 점검·······················222
문서 점검·······················226
문제 제기·······················210
미팅 일정·······················165

ㅂ~ㅇ

바이러스 필터·······················173
받는 사람·······················055
발표 연습 앱·······················188
버킷 리스트·······················020
보고서·······················078
보기 가능·······················153
브레인라이팅·······················130
브레인스토밍·······················130
비관적·······················232
비즈니스·······················051
빼기 법칙·······················025
사본 보내기·······················097
사업기획안·······················238
서드 파트 서비스·······················054
서명·······················056
선택과 집중의 가치·······················026
소요 시간·······················069
솔루션·······················017, 211
수신 확인·······················054
수입·······················219
수정 가능·······················153
스마트 기기·······················204
스왓 분석·······················033
스케줄 공유·······················095
스팸·······················057
스팸 필터·······················173
스프레드시트·······················039

시간 관리·······················017
시간 점검·······················222
아이젠하워 법칙·······················026
약속·······················158
약점·······················033
양식 파일·······················239
업무량 편차·······················201
업무 리듬·······················213
업무 일정·······················113
에버노트·······················140
엑셀·······················039
연간 계획표·······················234
연간 일정·······················023, 102
예산·······················219
예산 관리 가계부·······················219
예약 발송·······················070
오케이 구글·······················167
오탈자·······················054
오피스 365·······················082
외부 환경·······················033
우선순위·······················069, 231
우선순위 법칙·······················026
워드·······················147
원노트·······················143
원 도큐먼트·······················206
원 드라이브·······················205
원 페이지·······················203
원플래너·······················217
원 플랫폼·······················204
월간 일정·······················023
위기·······················033
위시 리스트·······················218
위싱노트·······················218
위임·······················027
위임 점검·······················228
유튜브·······················044
육하원칙·······················052
의사록·······················134
이메일·······················051, 208
이메일 증후군·······················051

인맥······155
인맥 점검······227
일일 단위······095
일정······067
일정 점검······223

ㅈ～ㅎ

자료 수집······209
자이베르트······020
작업 시간······068
재점검······200
전언 메모······170
전화 메모······237
전화 점검······225
정리 정돈······027
주부······240
주소록······043, 155, 161
중간 목표······094
중요성······196
지노트······137
지메일······054
지출······219
직장인······213
진짜 인맥······157
집안일······241
참조······055
체크 리스트······096, 221
초대장······100
출장 점검······227
카카오톡······056
캘린더······099, 107
퀘스천맵······131
클라우드······080
킵······122
타이머 앱······187
태그······141
태스크······119
템플릿······152
트렐로······086
파레토 법칙······026
파킨슨 법칙······030
팩스······220
팩스 메모······237

페르미 추정······036
폐기 원칙······208
포스트잇······196
폴라리스 오피스······082
폼즈······145
품의서······078
프랭클린······029
프레임······025
프레임 법칙······025
프레임워크······032
프레젠테이션······145
하위 프레임······025
학생······046
할 일 목록······023
할 일 점검······224
핵심 키워드······052
행동······018
행아웃······174
현실적······232
협업······027, 086
혼자 회의······210
회의······072
회의 기록하기······199
회의록······073
회의 법칙······076
회의 자료······074
회의 점검······224